조직 성장을 이끄는 핵심동인

# 성과관리,
## 이제는 사람이다

조직 성장을 이끄는 핵심동인

# 성과관리,
# 이제는 사람이다

이 현 지음

이담
Books

경제전문지 『Fortune』에서는 매년 미국에서 가장 일하기 좋은 100대 기업 (Great Work Place)을 선정하여 발표한다. 과연 이들 기업의 공통점은 무엇일까?

저자가 발견한 것은 선정된 기업 모두 훌륭한 재무적 성과를 이루었고 그러기 위해서 고객가치 창조에 초점을 맞추었다는 것이다. 그리고 그것을 가능케 하는 저마다의 차별화된 제품과 업무수행 방식이 있으며 이를 훌륭히 실행하는 직원들이 있다는 점이다. 이들 기업은 결코 이윤만을 추구하지 않고 자신들의 가치를 따르고 있다.

특히 직원들의 행동력은 하나같이 감동이다. 조직의 핵심가치를 일상 업무에 그대로 적용하여 고객에게 감동을 주고 직원들에게 부여된 재량권을 기반으로 사업을 창의적으로 이끌며 직원의 아이디어를 자유롭게 수용하고 실험하여 적용한다. 직원들이 이렇게 훌륭하게 행동을 할 수 있는 원천은 한결같은 직원 중심의 경영에 있다. 즉, 그들이 이루어내는 모든 성과의 핵심은 '사람'에 있다는 것이다. 이는 30여 년 전 톰 피터스(Tomas J. Peters)와 로버트 워터먼(Robert H. Waterman)이 쓴 책 『In Search of Excellence』에서 초우량기업의 8가지 원칙 중 하나인 인간존중의 경영과 맥을 같이한다.

이 책에서 언급하려는 성과관리 측면에서도 같은 의미로 이해할 수 있다.

경영에서 성과는 비전, 장기목표 등의 최종적인 성과도 있으나 이러한 성과를 달성하기 위한 선행적인 성과는 수없이 많다. 이를 크게 재무적 성과와 비재무적 성과로 나눌 수 있다. 이미 BSC(Balanced Score Card) 개념을 통해 이들의 균형 잡힌 성과관리가 중요하다는 것은 사회적 공감을 이루었다. 따라서 작금의 경영에서 성과를 관리한다는 것은 재무적 성과를 내기 위한 비재무적 성과, 특히 최종성과를 이루어내기 위해 사람이 가진 힘에 초점을 둘 필요가 있다.

하지만 경영의 관점에서는 이렇게 중요한 사람을 어떻게 바라보고 있을까? 진정 기업들은 사람을 고귀한 자산으로 여기는가? 만약 신규설비가 투자되었다면 아마도 그 설비와 기계를 아끼기 위해서 체계적인 유지관리를 할 것이다. 하지만 새로운 사람들이 들어오면 어떠한 조치를 취하는가? 실제 채용, 선발, 교육, 면담 등 사람을 관리하는 비용은 예상 외로 많다. 일정기간을 합쳐보면 아마도 일반적으로 물적 자산에 투자하는 것보다도 더 많은 비용이 들 것이다. 그런데도 불구하고 사람을 보는 시각은 그저 시간이 지남에 따라 조직의 훌륭한 일꾼이 될 것이란 막연한 희망에 빠져 있는 경우가 많다.

이제 경영에서 사람을 보는 관점을 달리해야 한다. 조직에서 사람을 기계와 재료를 연결해주는 매개체로 볼 것인가? 아니면 자원과 아이디어를 결합하여 새로운 성과를 창출하는 주체로 볼 것인가? 경영에서 사람을 어떻게 보고 투자할 것인지에 따라 자신의 조직이 위대한 조직이 되는지 평범한 조직이 되는지가 판가름 날 것이다.

그렇기 때문에 이 책에서는 성과를 이루려는 조직에서 진정 놓치지 말아야 할 사람관리에 대한 몇 가지 핵심을 짚어내고자 한다. 그 바탕은 사람 됨됨이, 즉 존중, 정직, 겸손, 용서, 봉사, 탁월성(열정)과 같은 인성에 있다. 우리는 비즈니스에서 인성이 중요하고 인성이 기반이 된 사람이 결국 일을 잘한다는 것을 잘 알고 있다. 하지만 조직들의 속내를 들여다보면 그동안 경제발전의 시기를 거쳐 희석되어 버린 인성을 구성원들이 제대로 인식하고 발휘하게 하는지 혹은 인성의 요소 중 조직에서 중요하게 여기는 것을 직원들이 조직의 핵심가치로 받아들이고 사고와 행동의 기준으로 작동하게 하는지를 고민하고 있다. 그리고 이러한 가치를 바탕으로 사람이 주체가 되어 창조적 방법으로 성과를 이끌어내는 데 주목하고 있다.

이제 성과관리를 운영하는 데 있어 인식의 전환이 필요하다. 성과지표를 합리적으로 설정한다든가 역량평가나 상대평가를 하는 데 있어 평가의 오류를 잡는 등의 수많은 문제점을 개선한 성과관리시스템을 제도적으로 정비하는 것도 중요하다. 하지만 성과관리에서 더 중요한 것은 일을 관리하기 위한 제도적 정비보다 가치를 기반으로 사람의 관리를 통해 진정한 성과를 이루는 것에 핵심을 두어야 한다는 사실이다. 그래서 성과를 이루기 위해 리더십을 발휘하는 것은 조직에서 너무나도 중요한 부분이다. 실로 일 중심에서 사람 중심의 성과관리를 시도한다는 것은 기업이 바라는 성과관리시스템 정착을 위해 화룡점정(畵龍點睛)을 하는 것과 같다.

그간 발간된 성과관리와 관련된 서적들은 '일' 중심에 서서 바라본 반면, 이 책에서는 철저히 '사람' 중심에서 바라보려고 노력하였다. 따라서 이 책은 팀

수준의 성과관리를 운영하는 리더나 팀원 모두에게 유용하다.

제1장은 일반 조직에서 성과관리를 운영하는 데서 나타나는 일반적 오류를 살펴볼 것이다. 이러한 오류에서 벗어나기 위해 '일' 주체가 아닌 '사람'이 주체가 된 성과관리의 개념을 이해하고자 한다.

제2장은 사람 중심의 성과관리가 무엇인지를 이해하고 그 핵심개념인 '가치'가 경영에서 어떤 역할을 하는지를 알아볼 것이다. 또한 이러한 가치가 반영되어 목표설정, 변화과정 및 성과로 연결되는 성과관리 메커니즘에서 사람 중심의 성과관리 모델을 개략적으로 설명하고자 한다. 공명(resonance), 자각(realization), 관계 조성(rapport), 성장 피드백(raising)의 4R 모델이 그것이다.

제3장은 4R 모델의 각각 요인에 대한 이해를 더욱 돕기 위해 우량기업의 사례를 제시하였다.

제4, 5, 6, 7장은 4R 모델의 각 요인인 공명, 자각, 관계 조성, 성장 피드백에 대한 기본 이해와 함께 세부요인을 도출하고 이것들을 성과관리에 적용하는 방법에 대하여 설명하고자 한다. 이 적용방법은 팀 단위 워크숍으로도 유용하게 적용할 수 있다.

마지막 에필로그에서는 4R 모델에 대해 저자의 경험이나 타 연구자의 글을 고찰하였던 것을 실증적으로 검정해봄으로써 사람 중심 성과관리로 전환을 강조하고자 하는 저자의 의도를 담아보았다.

2015. 6.
이    현

# 가치를 기반으로 한 사람 중심의 성과관리

왜 사람 중심의 성과관리인가?

사람 중심의 성과관리는 무엇인가?

사람 중심의 성과관리 모델 적용사례

Part 1

# 제 1 장
# 왜 사람 중심의 성과 관리인가?

## 고통스러운 성과관리

성과관리는 조직이 존재하는 한 지속적으로 수행해야 할 경영활동 그 자체이다. 따라서 조직은 어떤 형태로든 성과관리를 수행하고 있다.

국내 조직들이 제도(制度)로써 혹은 시스템으로 도입하여 운영하는 성과관리의 형태로는 최근 알려진 BSC(Balanced Score Card)나 미국에서 출발하여 일본으로 거쳐 소개된 MBO(Management by Objectives), 일본식 방침관리(方針管理) 혹은 이들의 변형, 결합된 모습들이다.

성과관리시스템을 도입하거나 운영하는 많은 조직들의 의도는 성과 그 자체를 높이기 위해 혹은 구성원들의 일하는 방식의 변화를 도모하려는 수단으로 적용하고 있다. 이제 공공조직은 고객가치란 관점 없이 일하던 과거 방식을 벗어나 그들의 고객(국민, 시민 등)이 원하는 가치를 실현하면서 조직 본연의 역할을 수행하려는 전략과 연계하여 일하려 하고 있다. 또한 요즘은 성과관리를 단순한 성과측정과 보상과의 연계뿐만 아니라 예산사용의 효과성까지 측정하려고 시도하고 있다. 한편, 민간기업은 안정된 시장환경에서 사업활동을 열심히 수행하기만 하면 성공하는 시절은 이미 지나가 버렸다. 지금의 경영환경은 더욱 복잡하고 변동이 심하며 비예측적인 상황이 증대되었고 조직은 환경의 요구에 더욱 민첩하게 대응해야 한다. 그래서 그들은 바라는 성과를 달성하는 데 더 많은 어려움을 겪고 있다. 따라서 근래의 민간조직들은 그들이 바라는 성과를 제대로 이끌어내는 '성과관리 운영방식'에 더욱더 관심을 보이고 있다.

하지만 성과관리를 도입하여 운영하고 있는 수많은 조직들은 자신들의 성과관리 방식이 성공적으로 운영되고 있다고 자신 있게 말하지 못하고 있다. 안타깝게도 여전히 성과관리에서 일어나는 수많은 문제에 대해 고민에 빠져 있다

그렇다면 도대체 왜 조직들은 성과관리의 정착을 위한 장기적인 시도에도 불구하고 여전히 유사한 문제가 반복되고 있단 말인가?

이러한 의문점을 본격적으로 논의하기 전에 우선 저자의 경험을 통해 성과관리 운영에서의 수많은 장애요인을 몇 가지로 분류하여 살펴보기로 하겠다.

## 리더십의 오류

첫 번째 언급할 요인은 리더십의 오류로 인해 구성원들의 효과적 성과관리 실행을 저해한다는 점이다.

• 직원들은 빈번하게 하달되는 상위자의 요구나 지시사항에 대응하기 급급하여 당해 연도 설정한 목표달성에 관심을 두지 못하고 있다.
• 연초 설정된 목표가 분명 수정이 불가피하지만 리더는 자기 부문의 성

과를 높게 평가받기 위해서 목표를 변경하지 않는다[예, 상반기가 지난 지금, 예측건대 현재 설정된 KPI(Key Performance Indicator; 핵심성과지표)와 목표치로 평가받는 것이 유리하다고 판단함].

- 리더는 팀이나 개인의 성과 미달성 시 그 책임을 직원에게 떠넘기고 있다. 이러한 리더십의 오류는 특히 성과관리 실행과정에서도 많이 나타난다.
- 직무담당자에게 실제 권한이 보장되지 않는 형식적인 권한위임에 그치고 있다.
- 실적에 따른 문제의 분석과 대책을 수립하는 데서 리더의 지도력이 모호하다(예, 리더가 목표달성을 위해 실행방안을 통제하여 이끌어가는 것과 직원에게 자율적으로 수행하게 하는 것 사이에서 조율이 모호함).
- 리더가 과정을 살피지 않고 결과만 중시하다 보니 직원들은 형식적 성과(혹은 실적)만 보고하고 있다.
- 발생되는 일 처리에 급급하여 리더와 직원들이 각자 위치에서 진정 해야 할 일에 집중하지 못하고 있다.

## 공정성 불만

두 번째 고려할 요인은 성과관리 운영에서의 제도나 관행 등에서 공정성에 대한 불만으로 인해 조직적인 공감이 부족하여 일어나는 문제이다.

- 구성원들은 상하 합의를 통해 목표설정이나 이를 달성하고자 하는 방안도출을 원하고 있으나 상명하달(上命下達)식의 일방적인 목표제시와 목표치의 배분이 이루어져 불공정하다고 인식하고 있다.
- 평가결과에 대한 미공개로 공정성에 대한 시비가 발생하고 있다.

- 구성원들은 단위조직이나 개인의 상황과 조건에 관계없이 상대평가를 하는 것을 불공정하다고 느끼고 있다(예로, 비교컨대 A팀보다 B팀이 더 어려운 환경에서 이루어낸 성과이나 동일한 잣대로 평가함).
- 근본적으로 팀 내 개인 간의 능력 차이가 나기 때문에 동일 조건에서 상대평가를 받는 것이 이미 시작부터 불공정하다고 생각한다.

## 실적주의에 급급

세 번째 언급할 수 있는 요인은 추진해야 할 과제의 목적을 지향하여 창의적인 방안을 도출하고 실행하는 것보다 단지 관례대로 열심히 실행한 실적을 인정받으려 하는 점이다.

- 직원들은 과업이나 과제수행의 목적(質)을 실현하는 것보다 실행을 통해 얻어진 실적(量)만으로 성과를 달성했다고 역설하고 있다.
- 목표미달 분석에 있어 원래 추구하고자 하는 목적(why)을 지향하여 원인을 분석하고 조치하기보다 새롭게 무엇을 하면 좋을지 실행방법(how)을 찾기에 급급하다.
- 다음 해의 목표가 너무 높게 설정되는 것을 방지하기 위해 올해 실적을 일부러 낮추어 보고한다.
- 단기목표 달성의 기준치를 왜곡하고 있다(예, 단기이익률이 5% 증가하였다고 보고하지만 실제로는 산업의 성장이나 내부투자를 고려한다면 20%의 성장이 이루어져야 함에도 그러한 배경은 접어두고 상향되었다는 결과만 보고한다).

## 합리성 결여

네 번째 고려해볼 수 있는 요인은 구성원들의 사고에서 합리와 직관 간에 충돌이 일어나고 있다는 점이다. 더구나 일을 수행하는 데 직관에 너무 많이 의존한다.

- 일의 수행에서 대강 계획하고 수시로 변경하며 상황에 따라 결정하는 일이 만연하다.
- 감(感)이나 경험이 앞서고 정보에 의한 사실분석에 의한 과제나 대책도출이 미약하다.
- 또한 성과 달성을 위해 이루어낸 노력과 이에 대한 합리적인 보상과의 연계성이 미흡하여 불만이 야기되고 성과관리에 대한 긍정적 인식이 더욱 저해되고 있다.
- 단기성과에 의한 보상이 위주이고 장기성과를 위한 노력은 인정되지 않고 있다. 그래서 전략적인 일은 뒷전이다.
- 팀원들이 협력하여 이룬 성과와 개개인의 노력에 의해 이룬 성과와의 구분이 불명확하여 합리적인 개인보상이 이루어지지 못하고 있다.

## 실행 역량의 부족

다섯 번째 요인은 조직구성원들이 조직의 전략 방향(미션, 비전, 장기목표, 전략 등)과 연계한 성과관리 운영이나 성과관리에서의 여러 중요한 요소(공정한 목표설정, 평가, 피드백 등)에 대해 진정한 이해가 부족하다는 점이다.

- 평가자의 주관만으로 평가되거나 혹은 평가자의 역량부족으로 평가의 신뢰성이 하락되고 있다.

- 구성원들 내에서 '공유된 가치(전략방향의 공유)'가 이해 차원에서만 머물러 있고 이러한 가치를 기반으로 행동하려는 결의가 부족하다.
- 직무환경이 바뀌어 대응해야 할 과제가 새롭게 생겨서 관리상 측정지표를 새롭게 설정해야 함에도 성과관리시스템은 매년 동일한 측정지표로 측정되어야 비교할 수 있기 때문에 측정지표를 바꿀 수 없다고 주장한다.
- 당연히 도전적인 목표를 설정하여야 하지만 위험회피를 위해 적절하게 상하 간 타협으로 달성하기 쉬운 목표를 설정하고 있다.
- 팀장도 상위자로부터 목표(측정지표와 목표치)를 하달 받는 처지라 같은 방식으로 팀원에게 상위자의 목표를 나누어 주고 있다(예, 상위자가 배분한 목표치를 다시 적절하게 배분하여 하위로 내려주는 것을 목표설정이라고 이해함).
- 정성적 측정지표는 합리적인 평가기준이 되기 어렵다고 판단하여 제외함으로써 질적인 측정은 되지 못하고 있다. 혹은 정성적 지표는 어쨌든 상위자가 알아서 평가할 것이므로 팀원들은 지표달성의 증거가 되는 실적보고서 꾸미기에 바쁘다.
- 해당 과제가 추구하는 목적이 실현되었는지를 측정하는 지표가 등장하지 못하고 있어 가치 있게 평가되지 못하고 있다. 결국 측정하기 편하고 자기 일의 질적 결과를 크게 따지지 못하는 측정지표로 설정하여 방어하는 모습을 보인다.

## 개인성과와 전체성과와의 연계 부족

여섯 번째로 고려해볼 수 있는 요인은 자기 직무성과와 전체 조직성과가 연계되어야 한다는 인식이 부족하여 일어나는 갈등이다.

- 자기 일상 업무를 처리하는 시간과 별도의 성과관리 운영에 드는 시간과의 균형을 못 맞추어 갈등이 야기된다. 즉, 조직이 바라는 성과를 위한 활동과 개인의 업무수행 활동과의 연계가 부족하여 구성원들은 성과관리 활동에 투자하는 시간을 별개라고 생각한다.
- 자기 업무실적 달성을 위한 시간과 타인 혹은 타 부문에 협조하는 시간과의 시간배분에서 갈등이 야기된다. 즉, 전체성과를 위해서는 당연히 협조를 해야 하나 자기성과 달성을 위해서는 협조가 방해된다고 인식한다.
- 조직구성원들은 전체적인 관점에서 중요하게 처리할 일이라도 그것을 평가받지 않으면 업무수행을 회피하는 경향이 있다.
- 조직구성원들은 전체성과가 어떻게 달성되었는지 혹은 개인이 어떻게 전체성과에 기여하고 있는지를 잘 알지 못하기에 일단 자기 일을 처리하기에 바쁘다. 특히 결과에 따른 상벌을 염두에 두고 자기 업무 수행에 초점을 맞춘다. 직원들은 자기 업무 처리만 잘하면 일을 잘하는 것으로 생각한다.

## 가치의 충돌

마지막으로 고려해볼 수 있는 요인은 성과관리 운영에서 이미 조직에서 기준이 되어온 가치와의 충돌이다.
- 온정주의적인 공동체 중시 조직문화에서는 공평성(公平性)이 공정성(公正性)이란 가치와 충돌하여 진정한 평가, 보상을 왜곡하고 있다(예, 선배가 실력이 좀 모자라더라도 먼저 승진을 해야 한다거나 처음부터 낮은 목표치를 설정하여 실적을 낸 것처럼 보이게 함).

- 성과관리는 업무를 일일이 통제하여 성과를 극대화하려는 제도라는 오해로 혹은 부서 이기주의나 냉혹하게 보상 차이만을 조성한다는 오해로 구성원들이 성과관리 운영에서 방어적 입장을 고수하고 있다.
- 성과관리를 하게 되면 저성과로 인한 문제가 제기되고 서로 간의 대립이나 갈등이 불가피하다고 인식하여 성과관리의 과정이나 결과에 대해 상대를 공격하거나 자기변명을 찾기에 급급하다.
- 자신의 일은 정량적 지표가 분명하지 않는 기획적인 일이라 성과관리에서의 측정은 불가능하다고 가정하고 접근한다.

지금껏 성과관리 운영에서 일어나는 여러 문제를 살펴보았다. 실로 성과관리제도나 시스템을 도입하고 운영하는 조직이라면 상기 열거한 문제를 피해갈 수 없을 것이다. 또한 이러한 문제를 많이 안고 있는 조직일수록 구성원들은 매우 고통스럽다.

그래서 저자의 고민은 이러한 문제로 인해 조직 내에 부정적 조직문화가 자리 잡히지 않을까하는 염려이다. 만약 이러한 부정적 조직문화가 자리 잡는다면 그 조직은 마치 중병에 걸린 모습과 같아진다. 더욱이 이러한 상태에서는 조직의 미래를 위해 어떤 좋은 처방(6시그마와 같은 혁신방법론, 학습조직 활동 등)을 적용해도 현행 성과관리시스템이 오히려 방해를 하며 처방이 겉도는 문제를 안고 갈 수밖에 없다.

서두에서 언급하였듯이 성과관리는 곧 경영활동 그 자체이다. 바꾸어 말하면 모든 조직은 어떠한 형태이든 성과관리를 한다. 하지만 조직성과를 관리한다는 명목으로 구성원을 고통으로 몰아가는 것은 분명 개선이 필요하다. 또한 시대의 흐름에서 성과관리를 제도적으로 도입, 운영하지 않을 수 없다면 지금까지의 방향과는 분명 다르게 운영되어야 한다. 따라서 조

직구성원이라면 이러한 과제를 모두가 책임감을 갖고 고민하며 개선에 앞
장서 나가야 한다.


## 일 중심의 성과관리에서 빠져나오기

지금까지 조직에서 흔히 볼 수 있는 성과관리의 문제들을 짚어보았다.
사실 성과관리에 조금이라도 관심 있는 구성원이라면 이미 이러한 문제들
을 잘 알고 있을 수 있다. 조직의 구성원이라면 누구나 이를 극복해야 할
책임이 있지만 우리는 이 모든 사실을 알면서도 조직에서 당연히 있을 수
있는 문제라고 혹은 영원히 풀 수 없는 문제라고 간과해버리곤 한다. 성과
관리가 정착이 되지 못한 문제의 핵심은 역시 사람들이 가지고 있는 사고
의 틀이 변화되지 못한 것에 기인된다.

그렇다면 이러한 문제의 원인은 무엇일까?

조직은 근본적으로 구성원들의 사고와 상호작용의 산물이다.[1] 실로 조
직의 모습은 각양각색이다. 문화적으로나 제도적·언어적으로도 각기 다른
모습을 하고 있다. 그 이유는 바로 조직구성원들이 함께 사고하고 그려낸
학습의 결과가 모두 다르기 때문이다.

이처럼 조직구성원들은 조직 외부에서나 조직 내부에서 발생하는 모든
장애물을 학습을 통해 변화시키고 극복하고 있다. '조직에서 학습을 한다'
는 말은 조직이 성과를 내는 데 해당되는 과제나 문제에 대하여 정보와 경
험을 가지고 가설을 검증하며 이러한 검증과정을 거쳐 지식으로 전환하고
이를 조직적으로 공유하고 활용하는 것을 말한다.

그러나 앞서 살펴본 성과관리의 여러 문제를 안고 있는 조직이나 개인들

은 자신들의 비전을 실현하기 위해 내외부 환경에서 발생하는 수많은 장애물에 대응하는 능력이 부족하다고 말할 수 있다.

따라서 조직구성원이라면 이제부터라도 올바른 성과관리의 운영에 대해 깊이 고민할 필요가 있다. 이를 위해 조직구성원들이 안고 있는 수많은 장애물들에 대한 생각을 달리하고 새로운 극복방법을 동원할 필요가 있다.

이러한 사고변화의 근간은 '일'과 '사람'을 보는 시각에서부터 출발한다 《그림 1-1》 참조). 결론적으로 말하자면, **'일'이 주체가 아닌 '사람'이 주체가 된 성과관리**를 하여야 할 필요가 있다.

## 노동과 일

여러분은 조직에서 일이 어떻게 만들어지는지 생각해본 적이 있는가? 외부에서 누가 일을 주는 것일까? 아니면 스스로 내부에서 일을 만드는 것일까?

'일이 주어진다'는 생각은 기본적으로 '일'을 '노동'이라고 인식한다는 점이다. 그야말로 이때 '일'은 생존의 수단, 돈을 벌기 위한 수단을 의미한다. 하지만 진정한 '일'의 개념은 이러한 도구적 개념을 넘어서 자신이 추구하는 것을 이루기 위해 구체화시킨 것으로 목적적 의미를 담고 있다. 즉, 사회에서 일한다는 것은 "생존의 수단으로 참여하기보다 목적에 도달하기 위해 어떤 변화나 전환을 통해 사회적 상호작용을 하는 것"을 말한다. 따라서 '일'은 주어진다기보다 개인이나 구성원들이 스스로 만드는 것이라고 해야 옳다.

더욱이 기업에서의 '일'은 사람들이 미래에 성공하고 싶은 희망, 주어진 임무를 완수하겠다는 신념, 더 나은 발전을 추구하고자 하는 열정과 같은 것에 의해 만들어진다. 진정한 일은 누가 던져주는 것이 아니다. 조직구성원들이 스스로 만드는 것이다. 비록 시장이나 고객으로부터 경쟁적 상황이나 요구변화와 같은 변동이 있어 대응해야 할 일이 주어진다 하더라도 실제 조직구성원들은 이러한 상황을 해석하고 진정한 대응을 위해 '일'을 정의하고 수행해나간다. 따라서 조직의 생존과 성장을 위해 가치 있는 일을 만들고 가치 있는 결과를 얻는 것은 모두 '사람'에게 달려 있다. 그래서 '일'은 '사람'과 따로 떼어놓고 볼 수 없다.

▼ 그림 1-1  조직에서 사람과 일을 보는 시각

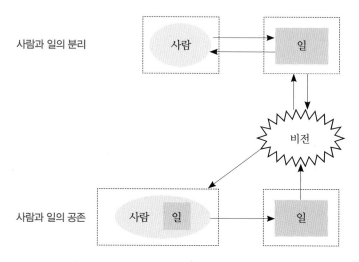

지금까지는 '일'을 '노동'이라고 여겨 '사람'과 '일'을 분리하여 생각하는 경향이 컸다. 그 예로 '사람에게 일을 시킨다'고 한다. 이를 상기의 '일'에 대한 도구적 개념을 넘어 목적적 의미에서 다시 표현하면 **사람에게 성과기준을 제시하고 그것에 도달하기 위한 일을 스스로 만들게끔 한다**이다. 전자는 사람과 일은 분리되어 있어 필요할 때 연결한다는 의미라면《그림 1-1》

의 상위 그림. 점선으로 된 박스는 군집을 의미함), 후자는 사람으로부터 일이 만들어지기 때문에 이미 사람이 일이란 개념을 품고 있고 상황에 맞게 사람이 일을 창조하는 것이다(〈그림 1-1〉의 하위 그림). 이를 좀 더 자세히 살펴보자.

먼저 전자는 '사람'과 '일'이 분리되어 있다고 보는 시각으로 그 사고의 근간은 이분법(dichotomy)이다. 경영자 입장에서는 수행하여야 할 '일'에 맞는 적절한 '사람'을 선택하여야 하는 입장이고 직원은 나의 욕구에 맞는 일을 선택하여야 하는 입장이다. 그러니 서로의 상황에 따른 선택적 문제에 직면한다. 여기서의 문제는 '사람'과 '일'이 서로 분리되어 있는 사고이기 때문에 서로가 직면한 상황을 수용하고 극복할 수 있는 방안을 도와주는 데 미숙하다. 예를 들면, 경영자는 '일'에 맞는 기본적인 능력이나 태도를 갖춘 사람이 없다고 걱정할 수 있겠지만 '사람'이 스스로 가치 있는 일을 만들고 수행하게끔 환경을 만들어주는 데 미숙할 수 있다. 혹은 일을 성공적으로 진척시키기 위해 사람들에게 상벌이란 동기부여 방법을 동원하려고 할 수 있겠지만 사람들이 일을 통해 얻을 수 있는 가치를 공감하여 스스로 동기유발하고자 하는 생각이 부족할 수 있다. 또한 사람(직원)의 입장에서 보면, 나는 시킨 일을 충실히 수행하였으므로 충분한 값어치를 했다고 생각할 수 있겠지만 이 일의 목적을 달성하기 위해 나 자신과 방법을 변화시켜 더 의미 있게 기여해보겠다는 생각이 부족할 수 있다.

이와 다르게 '사람'과 '일'이 분리된 것이 아닌 공존되어 있다는 사고가 있다. 이것이 〈그림 1-1〉에서 후자인 변증법(dialectics)적 사고이다. 그러나 여기서 고려해야 할 점은 '사람'과 '일'이 갈등이나 모순된 상황으로 맞부딪혀 있는 것은 아니다.

변증법은 A(현재 상황)와 Not-A(상반된 상황)가 모순되지만 공존하면서, 'Not-A'를 대체하거나 파괴하는 것이 아닌 A를 부정하는 Not-A로 인한 갈등이 조장되면서 부정된 요소가 변환되어 새로운 상황인 B가 창출된다는 논리이다. 예를 들어, 현재 추진하는 일상 업무(A)만으로는 성과를 이룰 수 없어 새로운 혁신업무를 추가하면서(Not-A) 과부하가 걸리고 또한 혁신업무가 장려되면서 직원 사이에서 갈등이 야기된다. 하지만 이를 극복하기 위해 일상 업무 중 혁신활동 시간을 별도로 조성함으로써 새로운 업무처리방식(B)을 만들어 적용한다는 의미이다.

그러나 여기서 변증법의 의미는 좀 다르다. '사람'과 '일' 간에 갈등, 대립의 모순적 상황이 아니라 외견상 상반되는 듯이 보이는 '현재 상황(A)'과 '새로운 상황(B)'이 전체의 평형(equilibrium)을 이루듯이 상호 의존적이고, 지속적 에너지의 흐름이 순환하는 것과 같이 A에서 B로 자연스럽게 탈바꿈하는 역동적 관계를 뜻하는 삼변증법(Trialectics)을 말한다.[2] 즉, '현재 상황(A)'과 '상반된 상황(Not-A)'이 대응하면서 갈등적인 모습을 통해 '새로운 상황(B)'으로 전환하는 것이 아니라 '현재 상황(A)'에서 '새로운 상황(B)'으로의 자연스러운 전환을 말하는 것이다.

이러한 전환을 이끌어주는 원동력이 바로 '유인과 동기요소(attractive and active)'인데, 이것은 '새로운 상황(B)'을 이끌기 위해 '현재 상황(A)'을 깨뜨리는 역할을 한다. 즉, 〈그림 1-1〉의 하위그림에서 보듯 '유인'은 비전(혹은 미션, 핵심가치 등)이며 '동기요소'는 향후 가치 있는 결과를 창출해야 한다는 사람이 갖고 있는 인식이라 할 수 있다.

이러한 '이분법적 사고'와 '공존의 사고'는 요즘 여러 조직에서 유행하는 일과 삶의 균형(work and life balance)이라는 화두에서도 생각해볼 수 있다.

먼저 이분법적 사고로 '일'과 '삶'을 볼 때, 각각의 영역은 분리되어 있으며 각 영역에서 요구하는 여러 욕구에 대응하여 균형을 맞추어야 한다. 이렇게 사는 것은 참으로 고단하다. 왜냐면 현실적으로 양쪽 영역을 대응하려는 균형은 각각의 욕구를 맞추기 어려울 때 상호 갈등이 생긴다. 예를 들면, 저자가 아는 어떤 사람은 퇴근 이후의 시간이나 휴일에는 절대 시간을 투자하지 않으려고 한다. 실제 그 직원은 자기성장이나 일의 질적 측면에서 수준이 미달됨에도 불구하고 자기 성장에 시간을 투자하는 데 주저하고 있어 리더와 갈등이 일어나고 있었다. 반대로 회사 일로 1주일간 출장이라도 있으면 가정에서 불만이 표출된다.

실제 직장인들은 일과 삶의 균형을 얼마나 자연스럽게 이루고 있을까?

저자는 때때로 세상의 직장 중에 0.1%로도 안 되는 구글과 같은 직장환경이나 기업문화를 이상적이라고 말하는 사람을 본다. 물론 맞는 말이다. 하지만 현실적으로 생계를 위해 혹은 자신의 가치를 추구하기 위해 훨씬 못 미치는 조직환경에서 일벌레가 되어 있는 수많은 사람은 자신의 일에 대해 어떤 의미를 부여하여야 하겠는가? 과연 이들은 일에 대한 개념을 더 나은 건강한 삶을 위해 승화시킬 수는 없을까?

이러한 생각으로 공존의 사고를 살펴보자. 이 사고는 '일'과 '삶'은 분리되어 있지 않고 '삶'이란 큰 영역에 '일'이 존재한다는 개념이다. '삶'이 풍요로워지려면 자는 시간을 빼고 삶의 반을 차지하는 '일'이 풍요롭지 않으면 안 된다. 그러기 위해서는 자신이 '삶'에서 가치 있다고 생각하는 것을 '일'을 통해 실현하는 과정에 상당한 시간과 노력을 투자하여야 한다. 그렇기에 때때로 일에 깊숙이 빠져봐야 일에 대한 가치를 제대로 느낄 수 있고 삶에 가치를 느낄 수 있다. 그렇지 못한 사람들은 앞서 언급한 '일'과 '삶'의 조화라는 함정에 빠져 힘들 수밖에 없다.

물론 이 말에 대해 '삶' 속에 '일'이 어디까지여야 하는지에 반론을 제기할 수도 있다. 사람이 살아가기 위한 수많은 행동을 구분해보면 행복하게 누리기 위한 것과 이를 위해 필요한 것을 확보하는 것으로 나눌 수 있다. 산업화 사회에 살고 있는 우리의 사고는 행복하게 누리는 것은 '삶'이고 필요한 것을 확보하는 것은 '일'이라고 구분하여 생각하는 경향이 있다. 하지만 가만히 생각해보면 '삶'이란 것은 누리는 행동과 확보하기 위한 행동들의 연속이다. 행복하다는 것은 단지 누리는 것에만 있지 않다. 가치 있는 어떤 것을 추구하기 위해, 즉 확보하기 위해 '일'을 하지만 여기서도 얼마든지 즐거움을 얻을 수 있다. 예를 들어, 저자의 젊은 날을 돌아보면 내가 하는 일이 상사에게 인정받고 내가 실력을 쌓는 일일 경우에는 그 어떤 것을 제쳐두고 일에 몰입했고 때로는 밤을 새우고 남들이 출근하는 시간에 즐거운 마음으로 보고서를 상사의 책상에 올려놓았다.

만약 이분법적 사고든 공존의 사고든 양쪽 사고가 모두 힘들다면, 당신은 어디에 더 보람을 느끼겠는가? 인생에서 가치를 추구하는 데 자신의 삶의 영역 속에 있는 일을 스스로 창조하고 실행하여 얻은 성과에 대해 성취감을 느낀다면 그것이 보람이지 않을까? 실제 전미여론조사센터 톰 스미스(Tom Smith) 박사는 미국의 198개 직업에 종사하는 사람을 조사한 결과, 수입과 직업만족도는 상관관계가 미약한 것으로 나타났다. 또한 조사 참가자들은 돈이 아니라 일 때문에 행복하다는 답변을 하였다. 결국 직업만족(직무의 내용에 대한 만족. 예, 남의 삶을 개선하거나 창조적인 일)이 삶의 행복에 큰 영향을 끼친다는 결론을 얻었다.[3]

따라서 삶이란 큰 영역에서 볼 때, 진정한 균형이란 일을 가치 있는 곳으로 집중시켜 조화를 이루는 것을 말한다. 즉, 삶에서 자신이 부딪치는 상황에 대해 우선순위를 두어 집중하는 것이다. 때로는 일에, 때로는 가정에 중요하다고 생각하는, 즉 가치 있다고 생각하는 곳에 자신의 노력을 투자해야 한다. 때로는 남들은 중요하다고 말하는 것이지만 자신의 삶에서 추구하는 가치가 다르기 때문에 그것을 포기할 수도 있다. 결국 공존의 사고는 지속적으로 풍요로운 삶을 살 수 있도록 자신이 추구하는 가치를 기준으로 우선순위와 타협해나가는 것이다.

종합해보면, 이분법적 사고로 보았던 '일'은 주어진 것이니 삶과 조화를 이루어내어야 하는 힘겨운 대상이다. 그러나 공존의 사고에서 볼 때 자기 인생의 의미 있는 가치를 추구하기 위하여 일을 창조하고 개발한다면 자신뿐만 아니라 나아가 사회 속의 타인의 삶도 윤택하게 한다. 이것이 진정 삶을 주도하는 사람 중심의 사고라 할 수 있다.

## 일이 아닌 '사람'이 주체가 된 성과관리

분명 전자의 이분법 시각은 문제가 있다. 대표적인 경영활동에서의 오류는 사람과 일을 구분해서 보자면, 사람을 일의 수단으로 생각하는 것이다. 하지만 사람과 일이 공존한다는 사고는 사람을 통해 가치 있는 일을 만들어 수행할 수 있다고 보는 것이다. 즉, 사람이 수단이 아니라 주체인 것이다.

예를 들면, 많은 기업들은 일이 많아지면 사람들을 채용한다. 그리고 불황이 되면 회사의 존속을 위해 사람들을 내보낸다. 이런 기업들은 불황에 대비하여 미리 혁신활동을 추진할 수 있는 환경 조성이나 사람들의 능력 개발을 위한 투자활동 등이 상대적으로 미흡하다. 즉, 일의 양에 따라 사람을 조정할 줄만 알지 사람을 통해 일의 양을 늘릴 수 있다는 인식이 부족하다.

이와 유사하게 리더는 팀원이 성과를 내길 바라면서도 일의 실적을 따지는 데 열중하지만 사람들이 일을 잘할 수 있도록 만드는 노력은 부족하다. 실로 옥석을 선택하기보다 옥석을 닦아 빛나게 하는 지혜가 필요하다.

한편 어떤 경영자는 사람을 키우면 결국 조직을 떠나 더 좋은 곳으로 가버릴 것을 걱정한다. 그래서 사람들에게 투자하기보다 외형적 사업성장에 더 몰두한다. 하지만 경영자는 이들이 성장하면서 조직에 기여하고 있다는 사실을 간과하고 있다. 만약 직원들이 회사를 떠났다면 그 경영자는 진정한 이직 이유가 무엇이었는지를 파악하여야 한다. 즉, 사람을 단지 일을 처리하는 수단으로 생각하기보다 더 가치 있는 일을 창조하고 훌륭한 성과를 이루어내는 원천으로 키울 생각이 필요한 것이다.

또한 리더는 사람을 믿지 못하여 일을 맡기지 못한다. 물론 그 사람이 그 일을 수행할 수 있을지 적절한 판단이 들지 못하는 경우가 있다. 그렇다면 적절한 판단을 하지 못한 자신을 나무랄 일이다. 일을 맡기면 믿어야 하는데 그렇지 못한 것은 사람 자체의 고유 특성을 신뢰하지 못한 탓이다. 사람들은 자신이 비록 부족한 점이 있더라도 자신을 신뢰해주면 성과를 내기 위해 어떻게든 해결책을 찾아내려 능력을 발휘하고 상대의 기대에 반드시 부응하려 한다. 때문에 리더는 부하가 해낼 수 있다는 자신감을 심어주고 코칭을 통해 성과를 내게끔 뒷받침하는 데 역점을 두어야 한다.

이렇듯 작금의 경영에서는 사람이 주체가 되어 일을 만들고 성과를 이뤄내기 위한 방안을 탐구하고 실행하여 궁극적으로 조직이 추구하고자 하는 목적을 실현하도록 하는, 즉 **사람 그 자체의 존중을 통하여 스스로 의미 있는 성과를 이루어낼 수 있도록 하는 경영**이 필요하다고 하겠다.

제 2 장
사람 중심의
성과관리는
무엇인가?

## 사람 중심의 성과관리 핵심개념: 가치

　기업에서 '성과'라 하면 이익, 성장, 경쟁에서의 승리, 지위 상승 등으로
생각하긴 쉽지만 감사, 협력, 행복을 '성과'라고 여기기란 쉽지 않다. 이렇게
생각하면 왠지 모르게 어색하고 이상하다는 느낌이 든다. 분명 우리가 생
각하는 아름다운 세상이란, 부(富)의 축적도 중요하지만 행복한 삶을 공유
하는 것이다. 그래서 으레 사람들에게 어떠한 삶을 살고 싶은지 물으면 전
자보다 후자인 행복이라고 대답한다. 그런데 왜 기업이란 조직에서 '성과'를
언급하면 감사, 협력, 행복과 같은 느낌이 들지 않을까?

　이러한 질문의 대답을 얻고자 이미 제1장에서 그 근간을 논의해 보았다.
즉, 흔히 기업에서 일어나는 성과관리의 문제와 원인을 밝혀보고 그 대안
의 핵심에 분명 '사람'이 있다는 것을 조심스럽게 가정해 본 결과 사람 중
심의 성과를 이루는 것이란 **"조직의 궁극적 목적을 실현하기 위해서 사람**

들로 하여금 스스로 가치 있는 상호작용을 통하여 자신과 함께 조직 전체에 성장을 도모하도록 하는 것"이다.

이 말은 일의 '결과'뿐만 아니라 '과정'에 있는 사람을 중시한다는 의미이다. 실로 결과만 중시하다 보면 실패에 대한 두려움이 앞서고 스트레스만 커진다. 하지만 구성원들의 성장이나 과정의 성과를 인정하면 도전에 더 몰입하게 되고 결과도 성공적으로 이끌 수 있다.

이러한 모습은 비단 기업의 사례가 아니더라도 얼마든지 찾아볼 수 있다. 얼마 전 〈SBS 스페셜〉이란 방송 프로그램에서 조부모의 교육에 대한 성공 포인트를 강조한 적이 있다. 그것은 부모들이 아이들에게 성과에 대해 조바심을 내는 것과는 다르게 조부모들은 아이(조부모와 자주 교류하거나 함께 산 아이들)의 관심이 자주 바뀌고 혹은 잘못하는 경우가 있더라도 이를 인내하고 잘할 수 있다는 무한한 자신감을 심어주었다. 이 프로그램에서는 이러한 상황을 관찰할 수 있는 한 가지 실험을 실시하였다. 첫 번째 실험에서는 유치원 아이들에게 쉬운 퍼즐을 주고 이를 맞추게끔 하였는데 대부분의 아이가 퍼즐 맞추기에 성공하였다. 그러고 나서 퍼즐 맞추기에 성공한 아이들을 두 집단으로 나누어 피드백을 실시하였다. 한 집단은 '결과'에 대해 그리고 나머지 한 집단은 '과정'에 대해서 칭찬하였다. 이후 두 번째 실험에서는 아이들에게 어려운 퍼즐을 주고 맞추게 하였다. 결과는 어떻게 되었을까? '결과'만을 칭찬했던 집단의 아이들은 금세 흥미를 잃어버리고 하던 퍼즐을 포기하였지만, '과정'까지 칭찬했던 아이들은 어떻게든 끝까지 퍼즐을 맞추려고 노력하였고 끝내 어려운 퍼즐을 맞추기에 성공한 아이들도 있었다. 물론 이런 사례가 기업에서도 그대로 적용되는지 반문이 있을 수 있다. 하지만 저자의 지난 20여 년간 기업 경험으로 볼 때 크게 다르지 않다.

이러한 성과관리에서 '사람'의 중요성에 대해 이미 저자의 저서인 『성과관리의 기술』에서 성과관리보다 광의의 개념으로 '성과경영'을 정의하면서 언급한 바 있다.[1] 성과경영이란 "① 미션, 비전을 실현하기 위한 전략을 수립하고, ② 이를 달성하기 위해 조직의 수직적 계층과 수평적 기능 간에 시너지가 발휘되도록 목표와 자원을 정렬하며, ③ 각 조직 및 개인에 맞는 합리적인 목표를 설정하고 창의적 방안을 실행하며 그 결과를 평가하고 피드백을 하여, ④ 개인의 성장을 도모하고 일의 만족을 통해 조직성과를 이끌어내는 선순환적인 활동"이다.

하지만 『성과관리의 기술』에서는 사람에 대한 중요성 차원에서 조직구성원에게 영향을 미치는 리더의 역할을 강조하였고 순수하게 사람, 즉 조직구성원을 중심으로 조직의 성과를 바라보는 노력은 부족했다.

따라서 본 장에서는 사람 중심의 성과관리를 설명하기 위해 그 기반이 되는 개념을 좀 더 살펴보고자 한다.

## 성과와 성취

앞서 언급했던 것처럼 우리가 기업에서 '성과'라고 생각하면 기쁘고 즐겁고 사력을 다해 도달해보고자 하는 마음 대신 힘들고 그저 인내해야 할 대상으로 받아들여지기 쉽다. 지나친 말로 풍요롭다는 느낌 대신 메마른 느낌이 먼저 든다.

실로 당신이 스스로 도전하여 성과를 내고 싶은 마음이 들 때는 언제였는가? 반대로 그저 묵묵히 참고 수행할 때는 언제였는가?

당신의 과거 경험에서 과연 자신의 목표를 달성했을 때(성과를 내었을 때) 얼마나 성취감을 느꼈는가? 그렇지 못한 경우가 많다면 무엇 때문인가? 과연 성과와 성취는 다른 것일까?

결론적으로 말하자면 성과와 성취는 다르다. '성취(fulfillment)'는 어떤 가치 있는 행동을 했는가에 대한 내적 만족이다. 우리가 죽음을 눈앞에 두고 자신의 인생을 되돌아보면서, "내가 보다 많은 시간을 어디 어디에 보내야 했는데……"라고 반성한다면 우리는 많은 이야기를 쏟아낼 수 있다. "가족과 같이 행복한 시간을 더 많이 보내야 했는데", "그때 그 일을 더 열정적으로 하지 못했던 것이 후회돼", "주위에 더 어려운 이웃을 돌아보고 그들에게 봉사했어야 했는데" 등등을 말이다. 비록 자신이 인생에서 여러 가지 길을 선택하고 다양한 수준의 결과를 얻었다고 할지라도 자신이 가치 있다고 생각한 행동을 이행하지 못했을 때는 성취감이 일어나지 않는다. 다시 말해 성취는 자신이 가치 있다고 생각한 행동에 의해 어떤 결과를 얻는다기보다 칭찬을 받을 만한 가치 있는 행동을 지속적으로 추구했는지가 더 중요한 것이다.[2)]

따라서 자신의 인생에서 자신이 추구하는 궁극적 가치를 위해 노력하는 사람들은 어떤 어렵고 힘든 상황이 오더라도 자신의 가치 있는 행동을 격려하고 그 과정에서 즐거움을 느낀다. 그것이 비록 남들이 평가할 때 무모하고 바보 같은 짓이라고 할지라도 자신은 이를 포기하지 않는다. 그리고 그 결과가 기대보다 못 미치는 수준이라도 자신은 또다시 도전하고 열정을 불사른다.

개인뿐만 아니라 조직 차원에서도 마찬가지 상황을 볼 수 있다. 정말 좋은 조직이란 바로 이러한 성취가 가능한 집단을 말한다. 저자가 만난 조직 구성원들 중에는 자신의 성과가 높건 낮건 간에 입버릇처럼 하는 말이 있다. "뭘 해도 재미가 없어"라고 한탄하는 것이다. 이때 재미없다는 뜻을 새겨보면, "뭔가 열중할 만한 환경이 조성되어 있지 않아", "옳은 방법으로 언은 결과가 아니야, 그저 수행하다 보니 얻어진 결과야", "이번 성과는 타 부서와 싸워 이겨 얻어낸 결과지만 결국 또 이런 상황이 계속되겠지", "상사는 나를 배려하는 척하지만 결국 자신의 원하는 결과만 얻으려고 해" 등등으로 해석된다. 이와 같이 조직생활을 느끼고 있는 사람은 과연 급여가 높다고 해서 그 조직을 오래 다닐 수 있을까? 실로 저자가 만난 그 사람은 항상 이직을 생각하고 있었다.

따라서 조직구성원들이 자신의 일에 몰입하기 위해서는 먼저 스스로 공감할 수 있는 '가치'가 있어야 한다. 이때 가치는 사람마다 다를 수 있다. 어떤 이는 일차적 욕구(의식주) 충족에 가치를 두고 있을 수 있고 어떤 사람은 높은 차원의 자기성장에 가치를 둘 수 있다. 개인에 따라 욕구충족 수준이 다르더라도 추구하는 가치는 존재한다. 중요한 것은 자신이 취하는 행동에 추구하는 가치가 반영되었는가이다. 아래 〈그림 2-1〉을 보자.

▼ 그림 2-1 가치가 부여된 행동과 성취

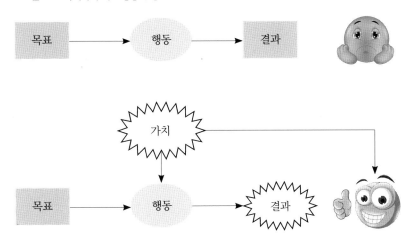

〈그림 2-1〉의 상위그림의 의미는 이렇다. 아무리 달성 가능하고 도전적

인 목표가 있다 하더라도 자신이 취하는 행동에 가치를 부여하지 못하면 결과의 의미를 단지 얻어진 결과의 크기로만 인식한다. 그래서 기준대로 달성했는지 못 했는지를 가늠하기 급급하다.

하지만 〈그림 2-1〉의 하위그림의 의미는 이렇다. 가치가 부여된 행동은 결과의 크기보다도 자신의 행동에 가치 그 자체가 부여되었는지에 대한 인식이 더 크다. 그래서 얻어진 결과에 대한 애착이 더 크다. 만약 결과의 크기가 예상보다 작으면 더욱더 도전해보려는 의지가 생긴다. 왜냐면 미달된 결과를 넘어서려고 자신을 새롭게 만들어가는 도전적 과정 그 자체에 가치가 있기 때문이다. 따라서 진정 성취감을 느끼는 성과가 되려면 가치가 부여된 행동으로 얻어진 결과이어야 한다. 단지 우리가 알고 있는 '성과'를 획득했다는 것만으로 '성취'를 했다고 말하기는 어려운 것이다.

우리나라 사람들은 참으로 다른 나라 사람보다 이러한 가치와 일치된 일에 더 큰 열정을 쏟는 특징이 있다.

그 이유는, 개인주의적 성향이 강한 서양에서는 기업과 개인은 거래적 관계를 가지며 그 사이에서 일은 수단으로 생각한다. 그래서 자신의 시간을 일에 투입한 것에 대한 보상에 관심이 집중되어 있다. 반대로 일본은 집단주의적 성향이 강하다. 그래서 개인은 미미하고 집단에 존속한 자신을 편하게 생각한다. 따라서 일은 집단을 위해 집단이 요구하는 쪽으로 순응하는 것을 운명쯤으로 생각한다. 하지만 우리나라 사람들은 자기의식도 강하면서 집단에 소속되는 것을 동시에 원한다. 그것도 대단위 도시나 대규모의 기업보다 마을단위나 부서단위의 집단에 소속되는 것에 더 강한 의식을 갖고 있다. 그러니 대규모 기업에 가면 단위조직의 문화가 각기 다르며 강한 특성을 띠고 있는 것을 쉽게 볼 수 있다. 따라서 우리나라 사람들은 내가 한 일의 성과도 드러나야 하지만 내가 속한 조직의 성과도 드러나야 속이 풀린다. 예를 들면, 우리나라 사람은 돈내기식 일하기에 강하다. 저자의 군대 경험으로 보면, 겨울에 연병장의 눈 치우기를 소대가 일정 구역으로 분담하여 치운다. 그러면 소대가 협력하여 일등하기 위해 경쟁에 열을 올린다. 빨리 치우면 많이 쉴 수 있다는 보상은 기본이지만 무엇보다 해당 소대가 일등을 했다는 가치와 그것을 이루기 위해 소대원들이 협력했다는 자긍심이 강했다. 그래서 우리나라 사람들은 내가 속한 조직의 가치와 내가 하는 일의 가치가 일치하는 것이 그만큼 중요한 것이다. 따라서 기업은 혹은 리더는 개인에게 그들이 일하는 전체 과정에 그들이 추구하는 가치가 연계되어 있고 그것이 얼마나 중요한 역할을 하는지를 반드시 알려주어야 한다. 그래야 개인은 자신의 일에 열정을 쏟을 준비를 할 수 있다. 그리고 평가에 대한 보상을 연계하더라도 개인적 평가에 따른 보상보다 집단의 성과를 중심으로 보상을 연계하여야 하는 이유도 여기에 있다. 이것이 바로 우리가 가지고 있는 특성을 잘 반영한 한국형 성과관리에서 고려해야 할 점이라 하겠다.

## 가치에 의한 경영(Management by Values)

이렇게 **우리가 성과라고 할 때는 실로 '가치'를 기반으로 성취감을 느낄 수 있는 성과이어야 한다.** 이러한 관점과 일맥상통하게 기업에서 경영을 이해하는 새로운 시각이 제기되고 있다. 그것은 '가치에 의한 경영(MBV; Management by Values)'이다.[3]

지난 20세기 초 산업사회의 기업 상황에 비해 현재 기업경영의 상황은 복잡성과 불확실성이 점점 더 증대되어 왔다. 무엇보다도 초기 대량생산에 의한 획일적 소비보다 품질과 다양한 고객의 요구를 충족하여야 하는 복잡한 상황이 전개되었다. 이 와중에 IT기술의 발전은 시장에서 다수 고객의 접근에서 개별 고객의 요구충족을 가능하게 만들었고 조직은 이에 대한 다양한 대응을 해야 했다.

이러한 다양성은 조직 내부 구성원의 의식에도 변화를 가져왔다. 그중 가장 두드러진 변화는 자율성의 요구이다. 더구나 기업은 변동이 심한 환경에서 성과를 내기 위해서 개인의 창의성에 의존하는 경향이 커졌다. 이러한 창의성은 개인의 전문성 발휘가 필요한데 이는 개인의 자율성 존중이 기반이 되어야 한다. 그래야 직원들은 더욱더 주인의식을 발휘할 수 있다. 그만큼 작금의 경영환경에서는 조직의 성과를 위해 자율성이 큰 가치로 작용하고 있다. 또한 이렇게 경영의 복잡성을 감당하여야 하는 상황에서 당연히 경영의 성과를 이끄는 리더의 특성에 대한 변화가 요구되었다. 즉, 구성원 위에서 지시하고 군림하던 경영관리자에서 구성원들의 변화를 촉진하는 변혁적 리더십에 대한 요구가 커진 것이다.

거래적 리더(transactional leader)는 역할과 과업 요건을 명확히 하여 부하들에게 기존 목표를 지향하여 나가도록 유도하거나 동기를 부여 하는 리더인 반면, 변혁적 리더(transformational leader)는 부하들에게 조직의 발전을 위해 자신의 이익을 희생할 수 있는 정신을 고취시키는 동시에 깊은 영향을 끼칠 수 있는 리더이다. 거래적 리더십은 정상적인 성과를 지향하는 리더와 부하 간의 공정한 교환을 의미하나 변혁적 리더십은 이상적인 높은 성과로 이끄는 영감을 내포하고 있다.[4]

이처럼 분명 역사적으로 경영의 추세는 변화하여 왔다. 이를 크게 세 가지로 구분해볼 수 있다.[5]

먼저, 20세기 초기 경영은 '지시에 의한 경영(MBI; Management by Instruction)'이라고 할 수 있다. 이때는 대량생산체제를 통해 만들어진 제품을 변동이 작은 기업환경에서 안전하게 팔 수 있었던 상황이었다. 따라서 기업은 생산량의 극대화가 목표이며 이를 위해 관리감독자들은 일을 지시하고 구성원들은 아무 생각 없이 이를 규율로 여기고 따라야 했다.

이후 20세기 중반에 들어서자 경영의 모습은 '목표에 의한 경영(MBO; Management by Objectives)'이 주를 이루었다. 이때 기업은 기본적인 생산량, 이익 극대화의 목표보다 더 구체적인 목표를 구성원에게 제시해야 할 필요성이 있었다. 왜냐면 구성원들이 구체적인 목표를 가지는 것이 그들을 동기부여 하고 더 합리적으로 일하게 하는 기반이 되기 때문이다. 이는 1930년대 태동한 인간관계론, 행동과학이 근간이 된 것으로 기업에서는 MBI보다 더 큰 효율성을 도모하기 위한 관리방법이 되었다.

하지만 MBO에는 가장 큰 결함이 존재했다. 그것은 구체적으로 설정된 목표가 진정 구성원의 마음에 심어지지 못한 점이다. 그것은 구성원이 진정 가치 있다고 여기어 수용하는 목표이어야 한다는 것이다. 이러한 모습은 대규모 직원들로 구성된 기업이나 글로벌 형식의 기업에 더 큰 이슈로 다가왔다.

조직구성원들의 인식에는 목표 이외에 조직적으로 공감하는 '가치'가 있다. 이것은 그들 자신의 목표를 달성하는 노력에 있어 촉매와 같은 작용을 한다. 실로 '가치에 의한 경영(MBV; Management by Values)'은 사람들의 행동을 몰입하게 하고 그들이 얻어낸 성과에 성취감을 느끼게 하는 경영방식이다. 근래 들어 MBV는 조직에서 다른 경영방식보다 더욱 큰 힘을 발휘하고 있다. 그것은 급변하는 경영환경에서 오는 복잡성들을 조직구성원들이 상위의 지시나 제시된 방법이 아닌 가치(values)를 기반으로 스스로 전략적 행동을 만들어내는 것을 말한다. 실제 구성원 스스로 만들어낸 방법은 책임감과 흥미를 더욱 느끼게 하여 자연스럽게 성과에 더 크게 기여하게 된다.

실로 조직에서의 공유된 가치는 구성원들 사이에서 공동의 믿음이 되고 이것은 기업문화로 정착된다. 공동의 믿음이 되려면 구성원들이 그 가치들을 실행에 옮기고 그 결과가 옳고 좋다는 인식이 있어야 한다. 이것은 성과관리의 관점에서 볼 때, 여러 성공요인(예, 합리적 목표설정, 지속적 성과 모니터링 및 개선, 평가와 피드백 등)이 작동하여 이루어낸 성과를 넘어 더 큰 성과를 이루어내는 데 있어 또 다른 성공요인이다. 또한 이것은 때때로 조직에서 긍정적 요소를 증폭시키기도 하고 부정적 요소를 감소시키기도 한다.[6] 예를 들면 관용(forgiveness), 진실성(integrity), 공정(fairness), 사랑과 같은 '윤리적인 가치'가 있다. 이는 조직이 궁극적으로 지향하는 목적인 미션과 같은 가치의 타당성을 밝혀준다. 만약 구조조정으로 인력감원이 일어났더라도 경영자가 솔직하게 경영 상황을 밝히고 이를 구성원들에게 호소하며 이후 경영의 아픈 부분을 진심으로 치유하고 나설 때 구성원들의 마음에서 용서가 일어나며 조직은 이전보다 더 큰 도약을 이룰 수 있다. 또한 조직구성원 간에 배려와 사랑으로 질적인 인간관계가 형성되면 이것이 바탕이 되어 서로 간의 정보교환이나 조직적 문제 해결에 있어 자발성이 일어나고 몰입이 증대된다. 뿐만 아니라 구성원들이 어떤 배려나 고마움을 경험한다면 이를 타인에게 전달하고 싶어 하며 이로써 조직적 차원에서의 선행(善行)이 이루어지기도 한다.

이렇게 공유된 가치는 우리가 합리적으로 설정한 목표를 관리하여 얻은 성과보다(MBO 방식) 더 나은 결과를 가져오며 조직이 어렵고 힘든 상황이나 부정적인 상황에 직면하였더라도 구성원들이 더 나은 결과를 향해 나아갈 수 있도록 돕는다. 따라서 MBO의 결함을 넘어 더 높은 차원에서 조직적 성과를 이루어내려면 진정 사람의 믿음이 담긴 목표라야 조직구성원들이 도전적인 성과를 열정적으로 이룰 수 있음을 보여주고 있다(MBV 방식).

## 가치의 유형

이렇게 조직에서 구성원들이 조직의 일상생활에서 적용할 수 있는 '가치'는 〈그림 2-2〉와 같이 몇 가지로 구분해볼 수 있다.[7]

▼ 그림 2-2 가치의 유형

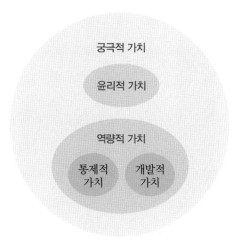

'궁극적인 가치'는 미션에 해당되는 조직의 목적을 말한다. 또 다른 말로 하면 존재론적 가치이다. 조직이 도달하고자 하는 미래는 불확실하고 그 과정에서도 여러 가지 길이 있다. 하지만 우리가 정서적으로 공감하는 목적을 정하면 이것은 불확실하고 복잡한 경영상황 속에서도 항상 올바르게 경영의 길을 걸을 수 있도록 이끌어준다.

조직에서 이러한 궁극적 가치를 실현하도록 사람들을 리드하고 조직화하는 가치가 바로 '윤리적 가치'와 '역량적 가치'이다. '윤리적 가치'는 앞서 밝힌 대로 관용, 진실성, 공정, 사랑과 같은 사회적 가치로써 궁극적 가치의 타당성을 밝혀주는 역할을 한다. 한편 '역량적 가치'는 궁극적 가치에 도달하기 위해 개인의 역량과 관련된 가치이다. 이것은 다시 두 가지로 나누어볼 수 있다. 하나는 창의, 신뢰, 자율과 같은 '개발적 가치'와 다른 하나는 책임, 효율, 규율과 같은 '통제적 가치'이다. 전자는 조직의 복잡한 상황을 흡수하기 위해 자신의 역량을 증폭시키는 것이다. 후자는 과도하고 복잡한 상황을 감소 혹은 안정시키는 역할을 한다. 따라서 조직은 '궁극적 가치'를 실현하기 위해 이 두 가지 가치가 균형을 이루듯이 상호작용될 필요가 있다.

이러한 가치 중심의 경영을 보여주는 사례가 있다. 〈그림 2-3〉은 Ready와 Truelove가 하버드 비즈니스 리뷰(Harvard Business Review)에 소개한 포시즌스 호텔(Four Seasons Hotel chain)의 조직적 열망을 집약적으로 표현한 것이다(이것은 앞서 언급한 '가치'에 대한 동일한 개념이자 또 다른 표현임).[8] 이 모든 요소가 구성원의 열망을 불러일으키고 참여를 이끌어낸다. 그림에서 가장 중요한 목적이 가운데 위치되어 있고 비전, 핵심가치, 전략, 브랜드 약속이 배치되어 있으며 일일 리더의 실천행동이 주위에 배치되어 있다.

이것은 2008년 당시 세계 경기침체 속에서 CEO 계승 문제까지 속을 앓고 있던 포시즌스(Four Seasons)가 어려운 상황을 극복할 수 있었던 중요한 기반이 되었다. 그들은 이를 전 세계에 위치해 있는 포시즌스 호텔 직원들에게 알렸고 구성원들로 하여금 목적의식을 강화하며 변화의 참여도를 높였다(Ready와 Truelove는 이것을 접착제라고 비유함).

하지만 직원들이 좀 더 체계적이고 지속적으로 실행할 수 있는 방안이 필요하였다. 그들의 차별적 경쟁력이었던 '고품격의 서비스 제공'을 계속적으로 유지하기 위해서 그들은 사람에 초점을 두었다. 예를 들면, 진정한 인재를 등용하고 유지하기 위해 공정하게 평가하여 보상하고 승진시켜 적절한 배치를 통해 인재가 성장하도록 도와준 것이다(Ready와 Truelove는 이를 윤활유라고 비유함). 실제 그들이 말하는 인재는 그림에서 보여주는 조직적 열망을 매일 실천하는 사람을 말한다.

▼ 그림 2-3 조직적 열망의 표현

이렇듯 조직의 가치와 개인의 가치가 연결되면 개인은 조직이 열망하는 가치를 실현하는 데 일부가 되는 것에 진심 어린 자부심을 느낀다. 그리고 자신이나 조직이 더 나은 모습으로 나아가는 데 열정을 발휘하면서 자신의 경험을 조직구성원에게 전파하는 데 앞장선다.

이러한 사례는 성공하는 기업들에서 얼마든지 찾아볼 수 있다. 또 하나의 사례로는 그 유명한 디즈니를 들 수 있다. 디즈니의 비전은 "고객을 소중한 친구로 대하고 그들이 기대하는 것 이상으로 만족시키며 평생에 다시 없는 최고의 휴가를 보내는 경험을 하게 한다"이다.

월트디즈니월드 리조트(맨해튼의 두 배나 되는 크기에 32개 호텔, 4개의 테마파크, 스포츠와 휴양단지, 쇼핑과 엔터테인먼트 빌리지가 있으며 5만9천 명의 직원이 있음)는 2004년 8월, 두 번의 강력한 허리케인에 속수무책으로 당할 수밖에 없었다. 하지만 직원들은 허리케인이 지나가던 18시간 동안 그들의 헌신과 명확한 의사소통으로 팀워크를 발휘하여 밤새 파편을 치우고 물품을 보충하며 쓰러진 나무를 치웠다. 그리고 이튿날 아침 아무 일도 없었다는 듯이 청명한 햇살 아래 얼룩 한 점 없는 말끔한 테마파크를 시간에 맞춰 고객에게 선보였다. 당시 주 당국이 전기시설 복구, 거리청소에 분주하는 동안 디즈니는 밤새 마법을 만들어낸 것이다. 또한 직원들은 피로의 흔적 없이 밝은 미소로 방문객을 맞이하였다. 그야말로 직원들은 정신적으로나 정서적으로 디즈니의 비전에 따라 행동하였다. 더 자랑스러운 것은 직원들 스스로 허리케인으로 피해를 입은 동료와 지역주민을 도왔다. 직접기부, 휴가의 현금 전환 등으로 성금을 마련하였고 회사의 기부와 더불어 생필품과 숙소제공, 아동보호 등 실질적 지원을 하였다.

이것이 가능했던 이유는 직원 한 명 한 명이 회사로부터 최상의 대우와 존중을 받았기 때문이다. 디즈니의 말로만 강조하는 가치가 아닌 그것을 수용하고 믿음으로 간직하도록 하는 리더십의 발휘가 그것을 가능하게 한 것이다. 결국 직원에게 펼쳐진 최상의 대우와 존중은 고스란히 고객서비스로 돌아갔고 고객들은 디즈니의 훌륭한 가치를 다른 고객에게 알림으로써 다시 찾는 이유가 되었다. 즉, 디즈니가 성장할 수 있는 사업전략 그 자체가 된 것이다.[9]

## 가치기반의 사람 중심 성과관리 모델

앞서 살펴본 것처럼 '가치'는 개인이나 집단이 성과를 내기 위해 촉매 역할을 해주는 것이다. 촉매란 본래 자신이 변하지 않으면서 다른 물질들의 화학적 작용을 돕는다. 이러한 관점에서 보면 〈그림 2-4〉에서 가치는 올바른 성과를 정의하고 성취감 있는 성과를 향해 나아갈 수 있도록 개인이나 집단의 '변화'를 돕는다. 또한 이때 가치는 어떠한 성과를 내기 위한 목적에 해당된다. 그리고 왜 이러한 일을 수행해야 하는지에 대한 목적이 명확하여야 올바른 목표가 설정된다. 그런 다음에야 목표를 달성하기 위한 개인의 행동변화나 목표를 달성방법을 고안하는 등의 변화를 시도할 수 있다. 이렇게 목적, 목표, 변화 및 성과는 분명히 연결되어야 한다.[10]

예를 들면, 전통적인 인사팀의 직무미션(가치)에서의 인사평가는 평가제도를 설계하고 인사평가 일정을 공지하고(때로는 교육하고) 상대평가를 위해 각 부서와 직원들의 평가점수에 조정계수를 적용한다. 또한 종합결과를 상위자에게 보고하며 보상, 승진 등의 인사기능에 적용하는, 즉 평가를 통해 직원들의 마음이나 행동을 통제하는 기능이 들어 있다. 하지만 인사평가의 목적을 직원들의 성장과 일의 몰입을 도와주는 것이라고 재설정하고 나면 무엇을 하고 어떤 방식을 동원할 것인가가 달라진다. 즉, 팀 내에서 직원의 업무개선 능력을 키워주기 위해 인사팀은 주기적으로 합리적인 성과분석을 할 수 있도록 팀에게 기회 혹은 프로그램을 제공하며 직원평가 시에 향후 더 나은 역량 발휘를 위해 리더의 평가면담 스킬 향상을 지원할 수 있다.

이렇게 목적(가치)에 따른 목표를 명확히 하고 그에 적합하게 변화를 위한 행동을 취하여야 바라는 올바른 성과를 얻을 수 있는 것이다.

▼ 그림 2-4 가치기반의 성과를 내기 위한 변화

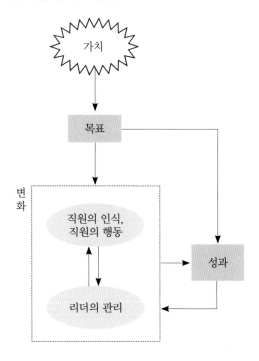

한 가지 〈그림 2-4〉에서 덧붙여 설명할 것은 변화는 구성원들의 인식, 행동 및 관리방식의 변화를 들 수 있다. 특히 리더는 직원들의 인식, 즉 목

적과 목표, 행동방식의 변화를 분명히 연결시키고 이를 실행할 수 있도록 이끌어야 한다. 물론 직원들이 스스로 행동방식의 변화를 시도하도록 용기를 심어주고 올바르게 행동하는 데 걸림돌이 되는 제도, 업무방식이 있다면 바꾸어야 한다.

이처럼 우리는 성과를 이끌어내기 위해서 끊임없는 '변화'를 시도해야 한다. 목표만 잘 설정했다고 해서 바라는 성과를 제대로 얻을 수 없다. 즉, 과정의 변화 없이는 절대 원하는 성과를 얻을 수 없다. 그래서 경영활동은 수고스럽고 힘든 것이다. 그러나 진정 가치 있는 목표를 설정하고 변화를 이끌어내서 성과를 달성하는 경험을 한다면, 마냥 성과관리가 어렵다고 치부할 수 없을 것이다. 실제로 제대로 된 경험을 하지 못해서 수고스럽고 힘들다고 불평하는 면이 훨씬 많다.

이와 같이 성과관리의 작동 원리를 제대로 이해하고 나면, 사람들은 가치를 추구하는 활동에 성취감과 용기를 얻게 되고 자신의 행동변화에 더 큰 힘을 보태게 된다. 그러고 나면 다음 도전목표를 설정하고 달성할 때도 훨씬 더 강한 힘으로 접근할 수 있다. 더불어 조직에서는 가치를 기반으로 성과를 이끌어내는 이러한 변화들이 지속적으로 추진될 때, 진정 조직의 미래(미션, 비전 등)를 창조하는 조직역량을 얻게 된다.

## 4R Model

지금까지 성과를 이끌어내기 위해서 가치기반으로 한 변화활동의 의미를 이해하였다. 이러한 변화를 시도하는 전반적인 과정에서 일 중심이 아닌 사람 중심으로 관리하려면 어떻게 하여야 할까?

그래서 〈그림 2-5〉의 모델을 제시하고자 한다. 본 모델은 기업 전체 수준에서나 하위집단 수준 혹은 개인 수준에서나 관계없이 적용할 수 있다. 하지만 본 책에서는 집단 수준에서 설명하고자 한다. 그 이유는 조직에서의 기본적인 성과는 집단 수준에서 나오기 때문이다. 개인의 일은 근본적으로 자기성과를 내려고 수행하는 것이 아니라 팀의 공동목표를 달성하기 위하여 동료와 협력하여 수행하는 것이기에 개인성과를 구분해내기란 매우 어렵다. 실로 구분해낸다 해도 팀 공동목표를 달성하기 위한 세부적 성과까지 구태여 힘들여 구분할 의미가 크지 않다. 팀 목표달성에 정말 중요한 것은 구성원들이 달성하고자 하는 방법을 함께 찾고 실행하는 데 힘을 쏟는 것이다. 실제 팀원들은 성과에 대한 보상보다 이러한 과정에 참여하여 해결해나가는 데 있어 고민하고 노력한 것에 대한 보상에 더 큰 의미를 느끼기도 한다. 또한 조직의 최종성과도 고객이 요구하는 가치를 전달하기 위해서는 프로세스에서 팀들의 성과가 연결되어야 가능하다. 그래서 본 모델을 조직 내부에 적용함에 있어 뚜렷한 실체가 바로 팀 단위이기에 집단 수준에서 설명하고자 한다.

▼ 그림 2-5 가치기반의 사람 중심 성과관리 모델: 4R Model

- 개인이나 집단이 변화를 시도(새로운 목표달성)하기 위해서는 근본적으로 사람의 마음에 울림이 있어야 동기유발이 가능함.

- 수행한 결과를 통해 더욱더 나은 성과를 내기 위한 역량을 높이기 위한 행위

공명 (Resonance)

자각 (Realiztion)

가치기반

성장 피드백 (Raising)

관계조성 (Rapport)

- 지속적인 성과에 도전하기 위해서는 개인이나 조직의 추진력이 필요하며, 이는 성찰에서 나옴.

- 성과를 내기 위한 몰입에 더욱 매진하기 위해서는 상호작용의 주체자 간에 친밀한 관계를 만들어 주어야 함.

앞의 4R 모델의 요인별로 어떻게 적용할 것인가에 대한 자세한 내용은 제4장 이후부터 언급하기로 하고 이번 장에서는 전체적으로 모델에 대한 간략한 설명을 하고자 한다.

첫 번째 요인은 **공명**(Resonance)이다. 조직구성원들은 변화를 이끌어낼 때, 기존 방식으로 쏟았던 에너지를 새로운 방향 쪽으로 전환하여야 한다. 비록 조직의 목적이 새로운 방향으로 이끄는 역할을 한다고 해도 구성원 간의 '공명'이 일어나지 않으면 에너지가 집중될 수 없다. 이와 같은 맥락에서 보면, 애플(Apple)사의 홈페이지에는 거의 모든 회사가 제시해놓은 비전이나 핵심가치 같은 전략방향은 제시되어 있지 않다. 왜냐면 이러한 전략방향은 이미 조직구성원 모두가 공유하는 DNA가 되고 실천대상이 되어야 하지 전시용으로 인식되지 않기 위해서이다.[11]

조직에서의 공명은, 개인 간의 상호작용에서 의미가 부여되고 이것이 지속되면 상호 교류에서 점차 의미가 일반적으로 받아들여져 이것이 사회적 태도를 이룰 때 나타나는 현상이다.[12] 이러한 공명의 현상은 2002년 월드컵 4강 신화를 이룰 때 전 국민의 응원모습에서도 찾아볼 수 있다. 한차례 작은 응원현장에서 승리의 염원을 느낀 개인이 또 다른 개인에게 느낌을 전달하고 이것이 공유되어 전국적으로 수만 명의 길거리 응원이 펼쳐졌다. 안방이나 맥줏집에서 흩어져 응원하던 사람들이 거리로 나와 뭉쳐서 힘을 보탰던 것이다. 그야말로 개개인의 어떤 만족한 경험이 촉매가 되어 타인에게 전달되고 점점 더 힘이 증폭되는 현상이다. 아마 그때 대표선수들도 이러한 상황을 공감하고 자신이 해야 할 역할을 되새기며 경기에 집중했을 것이다.

조직에서 변화를 시도할 때도 구성원 간에 이러한 공명이 일어나야 한다. 때로는 불안정 상황에서 도저히 새로운 변화가 이루어지지 않으면 안 된다는 상황을 공감하는 것이다. 만약 이러한 불안정한 상황에서 조직구성원들 사이에 상호 긍정적 변화에 대한 공명이 일어나지 않는다면, 내부적으로 극도의 불안정이 조성되고 급기야 조직 차원에서 노사분규나 태업과 같은 부정적인 결집이 일어나거나 직무단위에서는 자기 실적 챙기기와 같은 자기방어적인 상황이 초래되고 만다.

이와 같이 성과관리에서의 공명은 개인이나 집단이 목표를 설정하고 변화활동을 시도하기 위해서는 근본적으로 사람의 마음에 하지 않으면 안 되겠다는 절실한 울림을 만들어 동기유발하게 하는 것을 말한다. 더구나 개인 간의 공명이 더욱 증폭될 수 있도록 서로 상호작용하는 조직일수록 절실함의 울림은 클 수밖에 없다.

공명에는 공유라는 가치를 기반으로 크게 외부 공명과 내부 공명이 존재한다.

- 외부 공명은 자신의 외부에서 오는 울림으로 일을 추진하는 데 있어 건전한 위기감을 갖는 것을 말한다.
- 내부 공명은 내부의 자아에게 울리는 것으로 자기 확신이나 자신감을 갖는 것이다.


두 번째 요인은 **자각**(Realization)이다. '공명'이 성과관리 운영에서의 원동력(motive power)이 된다면, '자각'은 성과관리 시도를 위한 추진력(momentum)을 얻기 위한 것이다.

자각은 성찰, 반성과도 같은 의미이지만 여기서의 의미는 우리가 추구하려는 무언가를 실현하는 데 필요한 사고 및 행동방식을 깨닫는 것을 말한다. 특히 성과관리에서 보면, 사람들이 머리를 맞대어 가치 있는 목표를 수립하고 어떻게 창의적으로 실행할 수 있는지를 도출해내는 것을 말한다. 여기서 중요한 것은 직원들이 협력하여 스스로 추구하고자 하는 것을 찾아내고 정립해내는 것이다. 물론 최고경영진으로부터 중장기적으로나 외부 환경의 변동에 대응하는 과제가 하부로 제시될 수 있으나 이러한 거시적인 과제를 해결하기 위해 더 구체적으로 목표를 그려보고 창의적인 실행방안을 도출하는 것이다.

한편, 조직구성원들의 생각은 평소에 해오던 일상 업무가 가깝게 느껴지지 일 년 후, 몇 년 후의 목표와 그에 따른 해결과제는 자신과 멀다고 느낀다. 그래서 업무활동에 있어 새로운 것을 찾아내고 정립하기를 어려워한다. 실로 구성원들은 일상 업무에서는 조금 어려운 과제라도 자신이 해오던 것이라 어떻게든 도전하면 된다는 의식이 깔려 있다. 그러나 새로운 과제에 대해서는 평소 수행하던 방식이 아니기 때문에 현행 업무수행 시간 외에 추가적으로 시간이 들고 별도의 자원이 동원되기에 어려워한다. 어쩌면 새로운 과제나 방법을 생각해내는 것조차 어려움을 느끼는 것은 기존 업무수행 방식에 빠져 있기에 쉽게 떠올리지 못할 수 있다. 결국 구성원들은 용이한 일상 업무 달성으로 쉽게 자기만족을 느끼려고 한다. 해보지 않은 업무에 대해서 회피하는 태도를 보이는 것은 어쩌면 당연한 모습일 수 있다. 그러나 목표의 이미지를 그려보거나 달성방법을 찾기 위한 행동을 취해보면 거의 반은 성공에 다다를 수 있는 데도 불구하고 어려워하기만 한다.

따라서 성과관리에서 목표를 수립하거나 과제를 도출하는 단계에서는 구성원들의 "참여"가 중요하다. 구성원들이 참여하여 스스로 정립하여 수행한다면 책임감뿐만 아니라 향후 수행할 일의 전반적 과정에서 등불이 되어 끝까지 목표를 달성하고자 하는 힘이 된다. 당연히 목표달성의 성공확률은 높아지게 되는 것이다. 따라서 이 단계에서 리더는 구성원들이 목표와 실행방안을 설정하고 그것을 실행해나가는 데 있어 어떻게 열정적으로 참여하게 하는가를 고민하고 접근하는 리더십 발휘가 필요하다.

직원들의 마음에 울림만 있다고 즐겁게 도전하는 것은 아니다. 실제 일에 부딪혔을 때 무엇을 어떻게 해야 할지 스스로 깨닫고 정립할 수 있을 때 도전적인 열정이 일어난다.

자각에는 책임감과 권한 이양과 같은 가치를 기반으로 크게 결과 자각과 과정 자각으로 구분해볼 수 있다.

- **결과 자각은 구성원들이 함께 최종성과를 그려보는 일이다.**
- **과정 자각은 구성원들이 함께 성과를 이루어낼 방안을 창조해내는 것이다.**


세 번째 요인은 **관계 조성**(Rapport)이다.

온화함이 강인함을 이긴다는 말이 있다. 이 말은 사람 간 관계의 기저에 신뢰가 바탕이 되지 않은 상태에서 강인함만을 추구해서는 사람들이 다가서지 않는다는 뜻이다. 예를 들면, 리더가 똑똑하고 많이 아는 능력의 소유자라 할지라도 강인함만 추구해서 신뢰가 형성되지 않는다면, 직원들은 리더의 말을 형식적으로 따른다. 오히려 온화함이 더 돈독한 관계를 형성할 수 있다. 물론 인간관계에서 가장 큰 영향력을 발휘하는 것은 온화함에 강인함을 더하는 것이다.[13] 어느 한쪽이 아니라 균형을 맞추어야 한다. 온화함을 바탕으로 말이다. 이로써 상대를 믿고 의지할 수 있는 신뢰가 더욱 강해진다.

이러한 신뢰는 성과관리에 있어서 모든 사람관계의 질을 좌우한다. 상호 신뢰가 형성되면, 내가 협력하는 것에 대하여 타인은 나의 노력을 당연히 인정할 것으로 믿는다. 그렇지 않는다면 자신의 이익을 취하는 데 열중할 수밖에 없다. 더욱이 공동의 성과를 내기 위한 팀 활동에서 신뢰가 바탕이 되어야 팀워크를 발휘할 수 있다. 그러한 행동의 예를 들자면, 자발적으로 서로 꺼리는 일을 먼저 처리하고, 누가 도움이 필요한지 알아서 조치하며, 서로에게 필요한 정보를 공유하고, 공동성과의 질을 높이기 위해서 자신이 먼저 고민하는 것 등을 들 수 있다.

한편 조직의 공동성과를 창출하기 위해서는 이렇게 형성된 사람의 관계가 지속적으로 유지되어야 한다. 유지의 핵심은 타인의 성공을 위해서 노력하는 것을 말한다. 일종의 이타주의(利他主義)적 행동이다. 우리는 현실적으로 이타주의적 행동이 경쟁에서 위엄이 서지 않고 이용만 당하거나 손해만 보는 입장이라는 잘못된 생각을 갖고 있다. 실제로 사회에서 이와 관련된 사례는 얼마든지 있다.[14] 이타주의적 행동은 초기에는 손해가 되는 듯하지만 결국은 타인과 돈독한 관계를 오랫동안 유지할 수 있고 협력에서도 타인으로부터 존중을 받으며 상호 생산성을 높이는 길로 향한다.

일반적으로 인간은 '주고받는' 방식인 인지상정(人之常情)이 되어야 한다는 의식이 강하다. 이러한 인식은 베푼 것에 대한 보답이 돌아오지 않으면 섭섭해 하거나 크게는 분노가 일어나기도 한다. 하지만 이타적인 행위는 상호관계에서 더 강력한 영향력을 준다. 아무 조건 없이 남을 위해 베푸는 것에 진심이 통하면 생각지도 않은 더 큰 호응을 불러일으킨다. '주고받아야 하는, 즉 남에게 주면 나에게 다시 돌아와야 한다는 제로섬(zero-sum) 게임을 하는 것이 아니라 내가 가치 있는 것을 타인에게 주고 그것이 좋으면 타인은 또 다른 타인에게 베풀어 전체가 윈윈(win-win) 게임을 하는 것이다.[15] 이것은 바로 조직에서 협력을 높이기 위해 일을 기획하고 설계하는 방식보다 개개인의 사고와 행동방식을 이타주의로 전환함으로써 전체를 협력의 패턴으로 만들어내는 더 훌륭한 사람 중심의 접근이다.

따라서 관계 조성에는 신뢰나 이타주의와 같은 가치를 기반으로 크게 기반 조성과 유지 조성이 존재한다.

- **기반 조성은 상호관계에서 긍정적 인식을 일깨워주는 신뢰 형성을 말한다.**
- **유지 조성은 상호관계에서 타인의 성공을 위해 노력하는 이타주의적 행동을 말한다.**

네 번째 요인은 **성장 피드백**(Raising)이다.

성장 피드백의 의미는 성과관리 전반적인 과정(process)에서 사람의 성장을 위한 성찰 활동을 말한다. 성과관리에 참여한 사람들은 자신의 업무방식, 행동 등을 주기적으로 재조명해봄으로써 더 나은 성장을 위한 기회를 잡아야 한다.

실로 어떤 새로운 변화를 위한 시작은 근본적으로 반성에서 시작된다. 종교에서도 철학에서도 경영에서도 추구하고자 하는 목적을 위해 행동하는 근간은 반성이다. 반성은 자신을 들여다보는 작업이다. 기업에서는 구성원이 스스로 자신을 잘 들여다보면 좋겠지만 함께 모여 일하는 구조상 리더나 선배가 구성원들이 스스로를 들여다 볼 수 있게 도와주는 것이 필요하다. 피터 드러커(Peter F. Drucker)가 말했듯이 조직구성원들에게 피드백만큼 좋은 학습방법은 없다. 피드백이란 상대에게 혹은 자신에게 목적대로 올바르게 이루어졌는지를 솔직하게 전달하여 개선할 수 있는 기회를 지속적으로 부여하는 것을 말한다.

좀 더 구체적으로 말하면, 두 번째 요인 '자각'에서 결정한 분명한 목적,

목표를 인식하고 실제 달성한 것을 확인하여 그 차이를 분석한다. 이때 차이의 분석은 잘못된 원인뿐만 아니라 잘된 이유를 파악하는 것도 중요하다. 그래서 성장을 위해 어떤 것에 집중하여야 하는지를 밝히는 것이다. 이러한 피드백은 팀의 정기적 회의를 통해 이루어지는 것이 일반적이지만 매일 자기 스스로에게 이러한 과정을 적용시킬 수 있다. 실로 이러한 반성을 지속하다 보면 어느덧 향후 더 잘할 수 있는 방법을 도출하여 적용하고 있는 성장된 자신을 발견하게 된다. 피드백 역시 일회에 그쳐서는 안 된다. 주기적으로 혹은 수시로 실시함으로써 꾸준한 자기성장을 이루게 하여야 한다.

특히 조직이나 팀 활동에서 리더가 직원에게 해야 하는 가장 큰 피드백의 역할은 조직이 추구하고자 하는 목적에 직원이 하고 있는 일의 기여 정도를 알려주는 것이다. 그러기 위해서는 자신의 일이 조직에서 추구하는 것과 의미 있게 연결되어 있어야 한다. 이 말은 조직과 개인이 추구하고자 하는 가치가 공유되어 있다는 의미이다. 예를 들어, 저자의 회사 미션은 "우리는 고객의 미래와 변화를 위해 월드클래스 솔루션(world class solution)을 제공한다"이다. 때문에 직원들은 고객을 만나고 영업하는 것을 제품이나 서비스를 판다고 생각하지 않는다. 세계최상급 해결책을 제공하여야 한다고 생각한다. 그리고 직원들은 고객의 요구를 경청하고 우리의 경험을 나누기도 하며 우리가 연구할 수 있는 과제를 들고 오는 것을 영업이라 생각하고 자신들이 기술영업을 하는 전문가라고 자부한다. 따라서 저자는 리더로서 반드시 이렇게 피드백을 한다. "고객과 그 정도로 면담해서 고객의 진짜 문제를 도출할 수 있겠는가? 우리가 경험한 좋은 해결책을 왜 분명히 전달하지 못했는가? 이러한 해결책으로 고객의 미래와 변화에 과연 기여할 수 있겠는가?"

이렇게 자신의 일이 조직이 추구하고자 하는 것과 연결되어 있고 더구나 자신의 넓은 삶에서 추구하는 가치와 연결되면 그야말로 최상이다. 한마디로 자신이 이루어내는 성과가 조직이나 개인의 삶에 목적 지향적이냐는 것이다. 그래야 자신의 일이 자신의 삶에 가치 있는 역할을 하고 있다는 것을 알 수 있고 자신의 일을 대하는 열정이 생길 수 있다.

이러한 성장 피드백은 크게 외적 적합성과 내적 적합성으로 나누어볼 수 있다.

- **외적 적합성은 조직의 가치와 개인의 가치를 일치시키는 것을 말한다.**
- **내적 적합성은 추구하고자 하는 자신의 모습과 실제 자신의 모습과의 차이를 반성해보고 개선하려는 것을 말한다.**

사람 중심의 성과관리 모델의 4가지 요인인 공명, 자각, 관계 조정, 성장 피드백은 성과관리 운영에서 어떤 시기에 국한되지 않고 독립적으로 적용할 수 있다. 또한 4가지 요인들은 연간 성과관리시스템의 운영에서 어느 정도 사이클처럼 서로 연결되어 있다. 목표를 설정하기 전에는 "공명"의 적용이 필요하며 목표설정 시에는 "지각"의 적용이, 목표달성 과정에는 "관계 조성"이, 평가 및 피드백 단계에서는 "성장 피드백"이 중점적으로 적용될 수 있다. 또한 새로운 팀을 구성하여 활동할 때도 프로젝트 형식의 팀 활동도 혹은 일상적인 팀 활동을 할 때도 모두 적용될 수 있는 모델이다.

다음 장은 본 모델의 요소별 해당 사례를 통해 각 요인의 내용 이해를 더하고자 한다.

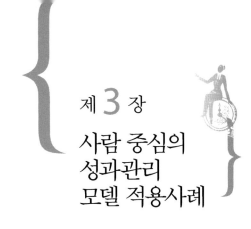

# 제 3 장
## 사람 중심의 성과관리 모델 적용사례

## 현실직시의 꾸준한 공명: GE

앞서 언급한 대로 성과관리에서 '공명'의 요인은 원동력이다. 이것은 조직에서 어떤 변화를 시도할 때 '위기감(urgency)'을 갖는 것과 같다. 변화관리의 권위자 존 코터(John Kotter)는 크고 작은 변화를 위해서는 자만심에 빠진 원인을 제거하거나 최소화하여야 하며 이를 위해서는 리더가 경각심을 일으키는 대담한 조치가 필요할 뿐만 아니라 중간관리자에게 자율성을 부여하고 전체 직원들이 동일한 위기감을 공유하여야 한다고 강조하고 있다.[1] 진정 이러한 위기감이 구성원들의 마음에 불을 지피고 조직에서 이루어야 할 것은 받아들이고 있는가가 중요하다. 그래야 어떤 변화나 성과를 위해 끝까지 추진할 수 있는 힘이 생기는 것이다. 여기에 그러한 사례가 있다. GE의 잭 웰치(Jack Welch) 회장이 시도한 노력을 살펴보자.[2]

잭 웰치는 1980년대 GE(General Electric Company)에 CEO로 첫걸음을 뗐

을 때 그동안 팽배해왔던 GE의 관료적 문화에 변화가 필요하다는 것을 누구보다도 잘 알고 있었다. 당시 GE는 매출 250억 달러, 순이익 15억 달러, 40만4,000명의 직원과 GNP(국민총생산)의 거의 모든 영역의 제품 및 서비스를 제공하는 거대한 회사였다. 하지만 GE는 현장에서 회장실까지 12개의 보고단계가 존재하였고 각각 평균 7개의 보고를 직접 받는 2만5,000여 명의 관리자에 의해 운영되고 있었다. 예로 공장의 보일러가 잘 돌아가는지를 감독하는 데 4단계 관리계층이 존재하였다. 또한 정기적으로 열리는 회의에서는 표지의 화려함을 칭찬하고 보고서에 등급을 매기는 형식이 난무했으며 자신을 잘 보이기 위한 까다로운 질문들을 던지는 데 주력했다. 그리고 본사 스태프 인원은 현장 감각이 부족했고 오직 상사에게 잘 보이려고 분주하기만 했다. 또한 매년 신제품 평가회 행사는 수년간 동일하게 진열된 제품을 먼지만 털어 다시 진열하는 낭비 그 자체였다. 잭 웰치는 이러한 관료주의 문화를 털어내고 스피드한 회사를 만들고 싶었다. 그러나 그때까지의 GE 문화는 명령과 통제가 난무했고 겉으로는 아무 갈등이 없는 척하지만 이면엔 불신과 불만이 가득한 '피상적인 일체감'이 가득 형성되어 있었다.

이에 잭 웰치는 이러한 잘못된 인습과 전통을 깨뜨리기 위해 강하고 끈질긴 노력을 시작한다. 그는 먼저 각종 모임이나 방문에서 직원들에게 '현실직시'를 위한 지속적인 경종을 울리기 시작했다.

그가 취임한 해의 가을, 사무관리직의 네트워크인 엘펀(Elfun; Electrical Funds의 약자, 경영자가 되기 위한 통과의례로 간주되고 있는 회원모임으로 자신의 얼굴을 알리고 입지를 획득하기 위한 모임)에서 그는 연설을 통해 '피상적 일체감'이 넘쳐나고 과거에 안주하는 가치 없는 모임이라는 솔직한 심경을 내비쳤다. 그리고 GE를 위해 의미 있는 역할을 찾아야 한다고 호소했다. 어색한 침묵이 흐른 다음 날에 수석 스태프(Frank Doyle)가 동일한 변화의 필요성을 역설하자 회원들은 더한 충격을 받았다. 그 뒤 잭 웰치의 말에 울림이 있었던가, 엘펀의 회장(Cal Neithamer)은 이 조직을 지역사회에 봉사하는 조직으로 탈바꿈하겠다는 의견을 내비쳤다. 그 후 엘펀 멤버는 오직 사회 환원의 의지와 봉사에 대한 애정을 기준으로 가입 여부가 결정되고 고등학생 학업지도부터 공원·운동장·도서관 조성, 시각 장애인의 녹음기 수리까지 크고 작은 다양한 봉사업적을 남기었다. 이러한 엘펀의 자가발전적인 방향 전환은 잭 웰치가 그토록 바라던 변화의 모델이었고 변화의 중요한 상징이 되었다.

그와 동시에 그는 개별 사업부도 점검하였다. 특히 대규모 사업부일수록 사람들의 열정을 축소시키는 발전설비 사업부가 있었다. 이 사업부는 비록 6,100만 달러 순이익밖에 되지 않았지만 20억 달러 매출과 2만6,000명의 직원을 거느린 핵심 사업부였다. 그러나 고객이 자신의 기계를 주문한 것을 오히려 행운아로 간주하는 관료적 분위기에다 긴 제품수명과 주문적체로 사업주기가 길어지면서 직원들의 에너지와 열정의 결핍을 가져온 상황을 확인했다.

한편 상대적으로 경영에 어려움을 겪는 소규모 사업부도 있었다. 이는 GE의 대표적인 벤처사업 중에 하나인 원자로 사업부였다. 여기 직원들은 미래 핵에너지 사업에 자신을 투자한 최고의 자질과 능력을 가진 사람들이었다. 하지만 그들은 70년대 초에 매년 3기 또는 4기의 원자로를 경이적으로 판매한 경험에 빠져 있었다. 그들은 1979년 펜실베이니아 스리마일섬의 원자력 발전소 방사능 누출 사고에 대한 회의적 여론에도 불구하고 단순한 해프닝으로만 받아들였다. 그리고 매년 신규로 발전소용 원자로 3기를 판매할 수 있다는 장밋빛 계획을 발표했다. 잭 웰치는 비록 그들의 열정은 인정하지만 잘못된 방향에 대해 강하게 현실직시를 하도록 했다. 그래서 그는 다소 감정적이었지만 미국 내 원자로 추가 주문을 받지 못할 것을 가정하에 재계획 수립을 요청했다. 그 당시 정부는 안정적 가동이 주요 이슈였기 때문에 그는 이미 설치된 시설에 연료와 부가서비스 판매가 현실적 조치라고 덧붙였다. 물론 직원들은 충격에 휩싸였고 잭 웰치의 예측이 맞지 않을 경우를 가정하여 수없는 반박과 변명으로 논쟁이 오갔다. 이러한 과정 속에서 원자로 사업부의 수장은 마지못해 도전을 수용하기 시작했다. 그 와중에도 1기, 2기 원자로를 수주할 수 있다는 가정하에서 세워진 계획서에 대하여 잭 웰치는 단호히 1기조차 수주하지 못한다는 의견을 고수하며 연료 및 서비스 개발에 몰입하게 하였다. 그리고 난 후 5년 내 직원은 75%로 줄었고 기존 사업의 기반이 제거되었으나 서비스 사업의 성공과 함께 3년 사이 순이익이 100% 상승하였다. 실로 원자로 사업부는 잭 웰치의 첫 미팅 이후 약 20여 년간 업그레이드된 원자로 4기밖에 판매하지 못했고 그것도 미국 이외의 지역이었다. 그보다 매년 이익창출은 연료 및 서비스 사업이었고 원자로 주변 시설물로 확대하며 첨단 연구에 지속적 투자를 계속하게 되었다.

이 사례는 경영에서의 직감이 동원된 경우지만 '현실직시'만으로 변화에 성공한 사례가 되었으며 새로운 돌파구를 찾는 모델이 되었다. 그는 GE의 모든 사람에게 원자로 사업부의 사례를 인용하여 기회가 닿는 대로 현실직시의 중요성을 부르짖었고 사람들은 그의 말에 귀 기울기 시작했다.

그다음으로 잭 웰치가 변화를 위해 노력한 것은 새로운 전략을 직원들에게 침투시키는 것이었다. 그가 제시한 전략은 "1등이나 2등 수준의 군살 없는 조직으로 가장 낮은 원가로 고품질의 제품과 서비스를 세계시장에

공급한다"는 것이었다. 이것은 목표일 뿐만 아니라 사업의 필요조건이기도 했다. 그는 시장에서 진정한 승리자가 되기 위해서 하드웨어적인 추구와 더불어 새로운 기업문화를 창조하기 위한 소프트웨어를 정착시키기 위해 고군분투했다.

전자를 위해서 잭 웰치는 1등 혹은 2등을 유지 혹은 그 수준에 들지 못하면 "고쳐라. 매각하라. 아니면 폐쇄하라"는 단순한 전략을 엄청난 시간을 들여 42개 전략사업단위 전체로 펼쳐나갔다. 그는 직원들에게 정말 신물이 나도록 전략을 강조해나갔고 신속한 변화를 추진하지 않으면 안 되게 만들었다. 그야말로 '현실직시'를 해야만 이룰 수 있는 비전이기도 했다. 여기서의 1등과 2등은 현재가 아니라 미래를 감안한 것이기도 했다. 왜냐면 선두사업이라도 향후 경쟁우위에 도움이 되지 않는 가전사업의 경우는 폐쇄해야 할 부분이었다. 그래서 그는 '중성자 탄 잭'으로 불리며 원하는 경계에 들어오지 않는 사업에 대해 과감한 매각, 합병, 합작투자, 지분참여 등으로 사업을 정리했다. 하지만 직원, 노조, 시의원들로부터 저항과 불만도 만만찮았다. 하지만 굴하지 않고 추진할 수 있었던 것은 사업의 지속적 수익 향상을 위한 원칙이었다. 단기업적에 매달리기보다 향후 지속적 경쟁우위를 확보하는 사업에 집중했다. 정리한 사업으로 얻은 자금은 다른 사업부의 경쟁을 위해 재투자했다. 그리고 매각을 고려하는 관점에서도 그는 해당 사업이 GE 전체 사업과 어울리느냐, 즉 수익변동으로 직원들의 사기에 악영향을 주는 사업(예, 석탄광산 사업)은 GE 내에 있기보다 매각을 추진하였다. 그리고 그것이 그 사업 자체의 경쟁력을 위해 직원들이 일에 몰입할 수 있도록 하는 상생전략이라고 생각하였다.

후자를 위해서 그는 최고의 품질과 초일류를 추구를 목표로 직원들이 두려워하지 않고 도전하는 창조성과 추진력을 발휘하는 문화를 강조했다.

그래서 매각과 직원감축의 비난 속에서 지역본사마다 운동센터와 고급숙박시설 및 회의장을 건립했으며, 크로톤빌의 인력개발센터를 대대적으로 개축하는 데 비용을 지불했다. 그러나 그는 이러한 모순된 역설에 대해 차근차근 사람들을 납득시켰다. 경쟁력이 떨어지는 사업부의 매각 혹은 철수에 대해 수익성이 높은 사업부에 투자하는 것처럼 인재들을 불러 모으고 최고의 대접을 해주는 것에 투자하는 것이 현재 성과도 올리면서 미래를 열어가는 길이라고 강조해나갔다.

GE라는 거대한 기업의 CEO가 울리는 현실직시의 공명이 변화의 성공을 이끌어냈다. 팀 단위 조직의 변화도 성공요인이 다르지 않다. 여러분은 오히려 대규모 조직에서의 실천이 더 어려운 것임을 이해하여야 한다. 수많은 비난과 압박 속에서도 잭 웰치는 때로는 강하고 때로는 수많은 만남과 설득을 통해 직원들의 사고방식과 전략을 조직 속에 스며들게 하였고 그것의 실천으로 그들에게 성공의 확신을 심어주었다. 그리고 이렇게 변화에 성공한 GE의 직원들이 오늘날의 GE를 있게 한 원동력이 되었다.

## 스스로 행복을 만드는 직원: 자포스

1999년 온라인 신발 전문 쇼핑몰로 출발하여 10년 만에 매출 10억 달러의 회사로 성장한 자포스(Zappos)는 아마존에 12억 달러라는 거액에 인수되어 세계를 놀라게 했다. 자포스는 『포춘』에서 선정한 '미국에서 가장 일하기 좋은 100대 기업'에 이름을 올렸으며 2009년 첫해 23위의 경이로운 기록에 이어 2010년은 15위, 2011년에는 6위에 올랐다.[3]

그렇다면 자포스는 도대체 어떻게 이러한 경이로운 기록을 세울 수 있었을까? 그 핵심은 무엇일까?

자포스는 창립 이후 파격적인 서비스를 내세웠다. 그것은 "무료 배송, 무료 반품, 마음에 들 때까지 반품가능"이다. 이 의미는 실제 매장에서 고객이 신어보고 사는 경험을 그대로 적용하자는 것이다. 그 후 한술 더 떠서 365일 이내에 언제라도 반품할 수 있고 주문 바로 다음 날 수령이 가능하도록 하는 체제를 만들었다. 사실 넓은 땅을 가진 미국에서는 주문 다음 날 수령은 거의 불가능한 서비스이며 이를 실현하기 위해서는 지역별 물류지점을 만들어야 하기 때문에 비용이 많이 든다. 하지만 자포스는 이를 실현했다. 실제 오프라인 매장에서는 디자인, 색, 사이즈가 안 맞아 찾아온 고객의 3분의 1일을 잃는다. 하지만 자포스는 100만 개 넘는 다양한 상품을 취급하면서 더불어 놀라운 서비스를 제공함으로써 고객의 호응을 얻을 수 있었다.

하지만 자포스의 성장에는 이러한 일의 시스템이나 인프라보다 더 핵심적인 것이 있다.

그것은 고객들이 자포스에 접촉하기 쉽게 전면에 내세운 자포스의 콜센터인 컨택센터(contact center) 서비스이다. 물류센터와 함께 컨택센터는 연중무휴, 24시간체제로 운영되고 있다. 특이한 것은 직원들이 '고객에게 행복을 판다'는 신념을 실천하고 있다는 점이다. 실로 내부를 들여다보면 일반적인 콜센터로는 상상하기 힘든 일이 벌어지고 있다.

컨택센터는 타 콜센터와 다르게 "고객응대 처리시간"을 측정하지 않는다. 즉, 고객의 문제 해결을 위해 몇 시간이라도 응대시간을 가져도 좋다는 의미이다. 물론 기본적으로 사내팀에 의한 평가와 고객에 의한 평가를 하고 있다. 하지만 이것도 개선을 위한 촉진방법으로 활용된다. 더구나 한 건의 콜이 얼마나 시간을 소비하는지는 물론 그 콜이 최종적으로 주문에 이어지는지에 대한 관심은 없다. 다만 고객에게 기대 이상의 서비스를 제공하는 것만 있을 뿐이다. 실제 고객이 원하는 신발이 내부에 없는 경우 해당 직원은 적어도 다른 사이트를 세 군데 이상 조사해서 가장 적절한 대안을 고객에게 알려주도록 교육하고 있다.

매상과 상관없이 고객의 질문에 진지하게 답하고 아무리 많은 시간이 걸려도 최선의 해결책을 제공하는 것은 사실 비용이 많이 들고 이익을 추구해야 하는 기업에서는 맞지 않다. 하지만 자포스는 비용이라고 생각하지 않고 그들의 성장을 위한 장기적 투자라고 생각한다. 자포스는 성장요인이 재구매 고객과 입소문이라는 것을 확인했고 이를 위해 평생고객 만들기를 실천해 나가고 있다.

여기서 일반적인 기업들과 비교해볼 때 놓치지 말아야 할 점은 직원들이 적극적으로 실천하는 이유이다. 그것은 바로 고객을 만족시키기 위해서는 무엇이든 해도 좋다는 권한과 책임이 직원에게 있다는 것이다. 보통의 콜센터 직원들이 감히 하지 못하는 반품, 환불처리, 특별 배송의 수단, 쿠폰발행 등의 권한을 자포스의 신입사원에게 똑같이 주고 있다. 그래서 직원의 자발적인 행동으로부터 특별한 서비스가 나온다. 예를 들면, 감사의 카드를 직접 그린 일러스트를 첨부해 보내기도 하고 화재로 집을 잃은 조카의 신발을 사려는 고객 이야기에 직원 모두가 감동해 그 아이를 위한 구호물자를 모으는 등 수많은 특별한 서비스가 존재한다.


이렇게 누구나 흉내 낼 수 없는 특별한 서비스는 바로 고객을 대하는 그들의 사상에 있다. 즉, 자포스 직원들의 의사결정이나 행동의 기반은 바로 자포스의 10가지 핵심가치에서 나온다.

여기서 잠깐 그들의 10가지 핵심가치를 살펴보자.

- 고객감동 서비스를 실천하자.
- 변화를 수용하고 주도하자.
- 재미와 약간의 괴팍함을 추구하자.
- 모험심과 창의성 그리고 열린 마음을 갖자.
- 배움과 성장을 추구하자.
- 커뮤니케이션을 통해 솔직하고 열린 관계를 만들자.
- 확고한 팀워크와 가족애를 갖자.
- 최소한의 것으로 최대한의 효과를 만들자.
- 열정적이고 단호하게 행동하자.
- 늘 겸손하자.

얼핏 보기에는 10가지 핵심가치 중 몇 가지만 빼고 보통의 기업과 크게 다를 것이 없다. 하지만 자포스 직원들은 이것을 직장에서의 일하는 방식만이 아니라 삶의 방식으로 받아들인다. 예를 들면, 옆 차선에서 심하게 끼어드는 차를 보고 짜증을 내기보다 감동의 서비스나 인간을 중시하는 가치를 늘 생각하는 그들이기에 화를 내지 않는다. 그뿐만 아니라 일상의 회사 생활에서나 사적인 대화를 나눌 때도 늘 핵심가치가 따라 다닌다. 또한 채용, 평가, 교육, 이벤트, 사무실 환경 등에서 모든 일의 기준이 되는 것도 핵심가치이다.

CEO인 토니 셰이(Tony Hsieh)는 창업 7년째 되는 2005년 초 직원이 90명에 달했을 때 자포스의 문화를 구체화할 필요성을 느꼈다. 그것은 이전에 자신이 만든 회사(1996년에 링크익스체인지는 설립 2여 년 이후 마이크로소프트에 2억

6천만 달러로 매각한 성공한 회사)가 성장일로에 있었지만 어느덧 초창기의 열정과 즐거움이 사라지고 회사에 가기 싫어졌던 자신의 절망감을 되풀이하지 않겠다는 의지 때문이었다. 그래서 그는 약 1년에 걸쳐 자포스 같은 사람은 무엇이고 그것이 왜 자포스적인 사람이라고 생각하는지를 직원에게 묻고 정리하였다. 그리고 정리한 것을 직원 전체에게 보내어 의견을 묻고 다시 정립하여 10가지 핵심가치를 만들었다.

이렇게 만들어진 핵심가치를 일상에서 그대로 실천하는 힘이 자포스의 위대함이다. 그렇다면 그 실천의 힘은 무엇일까?

결론적으로 직원들이 자포스의 핵심가치를 자기 것으로 스스로 만들어 나가는 데 있다. 물론 직원들에게 교육시키고 제도적 적용의 힘도 컸다. 핵심가치가 만들어지고 난 뒤 모든 임직원은 핵심가치에 대한 교육을 받았다. 자포스의 존재 이유인 고객서비스가 무엇이고 자포스의 직원이라면 어떤 모습이어야 하는지를 인식한 것이다. 또한 신입사원 훈련에도 핵심가치를 기반으로 한 프로그램이 운영되었다. 채용, 평가 등의 제도에도 핵심가치가 반영되었는데 실제 평가의 50%를 핵심가치에 근거하여 평가하였다. 그리고 5단계 평가에서 노력이 필요하다는 평가가 나온 직원에게 권고하며 일정 기간 내 개선되지 않으면 해고하는 경우가 있을 정도로 핵심가치를 진지하게 받아들였다.

그러나 그 무엇보다도 직원 스스로가 자포스다운 사람이 되어야 한다는 생각이 컸다. 예를 들면, 핵심가치가 적힌 형형색색의 현수막과 포스트를 그려 붙이거나 칭찬받을 만한 일을 한 동료에게 인사팀에서 1달러에 파는 메모지, 라이터, 레고 등의 상품을 선물한다. 또한 핵심가치를 테마로 한 사내 퍼레이드를 열기도 하며 "이번 달의 핵심가치" 등 각 팀에서 중점을 두고 싶은 핵심가치를 선택한 뒤 얼마나 잘 실천하고 있는지를 토의하고 성과를 기록하기도 한다. 이와 같이 직원들 스스로 핵심가치를 즐기고 그들의 업무에서의 판단기준을 핵심가치에 근거하여 실천하고 있다. 자포스의 핵심가치에 생명을 불어넣는 일을 바로 직원들이 하고 있는 것이다.

자포스 사례에서 생각해보아야 할 것은 그들의 탁월하고 특별한 성과는 전 직원 스스로가 핵심가치를 깨닫고 일상에서 즐겁게 실천하는 것에서 나온다는 것이다. 물론 리더가 동참하여 마음껏 행동할 수 있도록 권한위임을 하고 환경을 만들어줄 수 있으나 핵심은 직원들이 스스로 만들고 스스로 실천하는 데서 특별함이 나온다는 것이다.

이와 같은 자포스 직원들의 의식을 성과관리와 비교해보면, 직원들이 참여하여 가치나 목표에 대한 의미를 공유하고 이것을 달성하기 위해 함께 생각을 모아 실천 방안을 만들어내는 것은 성과 달성에 큰 힘이 된다는 것을 알 수 있다.

## 사람을 이끄는 기술을 가르치는: 디즈니

본 사례는 리 코커렐(Lee Cokerell)의 저서 『Creating Magic』의 디즈니 리더십 전략[4])으로 2장에서 언급된 4R 모델 중 관계 조성(rapport)에 대한 이해를 돕고자 한다.

1980년대 월트디즈니월드(Walt Disney World)는 재정적으로 번영을 누렸지만 1990년 초에 이르러 환경변화에 위기감을 느끼기 시작했다. 경쟁업계가 따라붙었고 과거 경영방식은 뒤떨어져 보이기 시작했으며 독재적 상명하달식 리더십은 직원(디즈니는 cast member라고 함)들의 행동을 성과로 이끌지 못했다. 이를 간파한 월트디즈니 사장(Judson C. Green)은 기업문화에 변화가 필요함을 느꼈다. 그것의 핵심은 리더십이 직원의 능력을 탁월하게 이끌고 이는 고객만족으로 이어지며 사업성과도 높아진다는 것이었다. 따라서 당연히 변화의 핵심은 리더십이었다. 또한 이것은 디즈니의 성공공식이기도 하다. 월트디즈니월드가 보여주는 마법의 세계는 환상적인 쇼가 아니라 직원들의 서비스이다. 연간 수백만 명의 고객이 찾아오는 진정한 이유가 여기에 있으며 고객을 위한 최상의 서비스는 직원들에 의해 만들어진다. 그것이 가능한 이유는 역시 열정과 책임감이 불타는 리더들의 배려가 직원의 고품질 서비스를 이끌어내고 이것이 고객만족과 사업성과를 높인다는 것이다. 그들은 이를 강력하고 현실적인 사업전략이라고 부른다.

하지만 1990년 초 기업문화의 변화를 시작함에 있어 만만찮은 저항에 부딪쳤다. 그러나 전 임직원 모두가 리더십 발휘의 주체라고 이해하였기에 직원 중에 리더십이 탁월한 자를 승진시키고 교육을 지원했다. 또한 리더들은 결과만이 아닌 성과를 내는 과정에 대해서도 평가됨으로써 직원들은 구체적인 가치와 요구하는 기준에 맞추어 행동하는 것이 바람직한 것으로 받아들여지기 시작했다. 이러한 변화에도 불구하고 자기 방식을 고수하거나 변화가 불필요하다는 사람들이 생겨났고 일부는 회사를 떠나기도 하였다.

그러던 중 1995년 리 코커렐이 변화에 가세하였다. 그는 디즈니랜드 파리를 설립하였고 10년간 월트디즈니월드 운영담당 부사장으로 일했으며 현재 디즈니연구소에서 그가 정립한 리더십 원칙을 가르치고 있다. 그는 이전에 전파하고 있던 새로운 리더십 철학을 그의 경험과 컨설턴트의 힘을 빌려 좀 더 명확하고 간결하며 따라 하기 쉽게 정리하여 리더십 원칙을 발표하였다(직원들은 이를 '디즈니의 최고 리더전략'이라고 칭함). 그리고 이 전략이 추진되면서 곧바로 여러 성과가 나타나기 시작했다. 재방문 고객이 늘고 리더십 평가는 극적으로 향상되었으며 이직률은 서비스업종 중 최하위로 떨어졌다. 리 코커렐의 말을 빌리자면, 이러한 전략과 실천을 위한 리더십 훈련이 격동의 1990년대를 헤쳐 나오고 오늘날 월트디즈니월드가 탁월한 명성과 경쟁우위를 가질 수 있는 핵심이었다고 할 수 있다. 더구나 이 전략은 디즈니와 같은 서비스업종뿐만 아니라 비영리단체, 종교단체, 군대 등 업종, 규모 및 문화와 상관없이 실제 적용하여 도움을 주기도 하였다.

그렇다면 '디즈니의 최고 리더전략'은 어떤 것인가? 10개 전략 중에서 2개는 조직구조와 사업절차의 요점을 강조하며(아래 전략 중 2번째와 5번째), 나머지 8개 모두는 직원을 대하는 방법에 초점을 두고 있다. 그야말로 소프트 스킬(soft skill)의 중요성을 대변하고 있으며 그들은 이것을 터득한다면 다른 모든 것이 제자리를 찾는다고 강조하고 있다. 또한 이것은 리 코커렐이 지난 경험의 반성을 통해 지금의 리더십 원칙을 몸소 배운 것이기도 하다.

먼저 10가지 리더십 전략의 개요를 살펴보자. 이후 설명은 본 책의 관계조성(rapport) 개념의 이해에 집중하고자 10가지 전략 중 소프트 스킬에 대해서만 언급하고자 한다.

- 모두가 똑같이 중요하다.
- 틀을 깨라.
- 당신 직원이 바로 당신의 브랜드이다.
- 교육으로 마법을 걸어라.
- 혼란을 제거하라.

- 진실을 파악하라.
- 공짜 연료를 활용하라.
- 무조건 앞서 나가라.
- 말과 행동을 조심하라.
- 인격을 개발하라.

첫째, "모두가 똑같이 중요하다"는 말은 최우선 리더십 원칙이 포용 (inclusion)에 있다는 의미이다. 그들은 'RAVE'라는 약어를 쓴다. 이는 모든 사람을 존중하고, 인정하고, 소중히 여겨라(Respect, Appreciate, Value Everyone)는 말이다. 즉, 모든 직원을 소중히 여기고 그들 모두가 자신이 소중히 여겨지는 것을 알면 출근이 행복해지고 자신의 에너지, 창의성, 충성심을 아낌없이 업무에 쏟아 붓는다는 것이다. 따라서 리더는 자식을 대하듯이 모두에게 관심을 가지고 자존감을 키워주며 자신의 능력이 존중을 받고 있다고 느끼게 하고 있다. 이는 직원들로 하여금 의무감을 높이고 강한 소속감과 책임감을 느끼게 한다. 또한 리더는 사소한 개인사에도 관심을 가지고 리더 자신의 생각을 솔직하게 열어놓는 관계를 형성해야 한다. 그래야 직원들이 리더에게 열린 마음으로 솔직하게 이야기를 털어놓는다. 물론 리더는 진실하게 직원의 말을 경청하고 또한 그들이 말하면 언제든지 즉각적으로 도와주고 있다. 이러한 관계는 사람관계로 인한 갈등을 미리 예방하고 상대의 목표와 꿈을 실현하는 데 도움을 주며 궁극적으로 공동의 성과를 달성하는 데 협력을 이끈다.

둘째, "당신 직원이 바로 당신의 브랜드이다"란 리더는 뛰어난 사람을 채용, 육성, 유지하여야 한다는 의미이다. 조직의 성과를 내기 위해서는 팀원의 능력이 절대적이다. 리더가 전문지식이나 기술, 업무관리, 리더십 역량이 뛰어난 직원들과 함께한다면 동료를 존중하여 팀워크를 드높이고 팀의 도전적 결정을 실천하는 데 무슨 걱정이 있겠는가. 따라서 그들은 입사면접에 팀 동료를 참여시키거나 입사지원자의 전문성을 현장에서 검증하는 등 능력을 충분히 확인할 수 있는 체계적인 채용방법을 택하고 있다. 그뿐만 아니라 승진시킬 사람에 대해 촉각을 세워 관찰하고 모든 방법을 동원하여 이끌어줌으로써 숨어 있는 인재를 발굴하고 있다. 그리고 일과 능력이 부합되는지를 살피고 합당한 조치를 취한다. 물론 진정 해당 역할을 수행할 능력이 안 되고 적절한 자리를 찾지 못하는 사람들은 장기적으로 보아 신속하고 친절하게 해고하기도 한다. 이렇게 자신의 직원을 훌륭한 브랜드로 키워냄으로써 직원만족과 사업성과라는 두 마리 토끼를 잡고 있다.

셋째, "교육으로 마법을 걸어라"는 말은 부모가 유능하지 않은 자식을 버릴 수 없듯이 리더가 부하에게 적절한 교육을 제공하고 발전할 수 있는 경험에 노출시킴으로써 미래의 역할을 할 수 있도록 하는 것이다. 그러기에 리더는 자신의 성공이나 보수보다 직원이 목표와 꿈을 달성하는 것이 더 만족스럽다고 느낀다. 그래서 리더들은 부하에게 일만 시키는 것이 아니라 목적의식을 계속 주입한다. 회사의 미션, 고객의 가치, 업무의 미션을 주입하여 업무 수행에서 스스로 창조적인 방법을 만들어 적용하도록 한다. 또한 리더는 때로는 스승의 역할을 하고 코치로서 카운슬러로서 역할을 한다. 리더가 직접 최고의 서비스 원칙을 가르치고 직원들이 기대수준의 능력을 발휘할 수 있도록 최고의 모범을 보이기도 한다.

넷째, "진실을 파악하라"라는 말은 사실을 바탕으로 현명한 의사결정을 내려 예기치 못한 실수를 예방하자는 것이다. 애매한 자료에 의존하고 스스로 벽을 쌓아 직원의 의견을 회피하거나 불쾌한 사실을 전하는 직원을 공격하는 일이야말로 절대 금지되어야 할 리더십이다. 그래서 리더들은 현장에서 고객 입장에 서서 경험하고 혁신목록을 만들어 고객서비스의 질을 높이기 위한 조치를 취한다. 그리고 리더는 직원들과 정기적인 대화를 통해 정보를 파악하고 정확한 피드백을 하고 있다. 또한 리더는 직원들이 민감한 문제를 가지고 와서 쉽게 이야기할 수 있도록 편안한 분위기를 만들어준다. 때로는 더 깊은 전말을 파헤치기 위해 부드럽고 명확한 질문으로 핵심을 이끌어내고 개선을 할 수 있도록 지원을 약속하며 향후 조치를 명확히 알린다.

다섯째, "공짜 연료를 활용하라"란 직원들의 에너지와 의욕을 가속시킬 동기부여의 중요성을 의미한다. 디즈니는 이를 ARE로 표현한다. Appreciation(감사), Recognition(인정), Encouragement(격려)가 그것이다. 이것은 직원의 자신감과 긍지를 높이고 개인과 팀의 실적을 올리게 하여 조직을 매끄럽게 운영해줄 영원히 고갈되지 않는 공짜연료의 역할을 하는 것이다. 그래서 리더는 직원들과 일상이나 행사에서 함께 있는 시간을 즐기고 거기서 직원들과 교감을 얻는다. 특히 인정을 할 때는 가족들을 참여시킨다. 그래서 더 큰 자부심을 심어주는 것이다. 리더들은 잘한 일을 구체적으로 인정하고 공개적으로 표현한다. 이렇게 ARE를 자연스러운 일상으로 만들고 있는 것이다.

여섯째, "무조건 앞서 나가라"란 리더가 여러 분야의 최신 상황에 정통해서 조직의 선두에 머물러야 한다는 뜻이다. 즉, 열심히 지식을 습득하고 모든 주변 상황에 관심을 기울이며 시야를 확장하여 더 나은 방식으로 사업을 발전시켜야 한다는 것이다. 때로는 경쟁자에게서 배우고 고객 입장에서 문제해결을 연구한다. 자신의 부족한 점을 진실로 반성하여 틈을 메우며 최고로부터 배우기 위해 어떠한 노력도 마다하지 않는다. 그리고 이것을 직원에게 되돌려 준다.

일곱째, "말과 행동을 조심하라"는 뜻은 자녀가 부모의 말과 행동을 따르는 것처럼 리더가 프로답게 행동하여 직원들로 하여금 좋은 평판과 신뢰를 얻는 것을 말한다. 따라서 리더는 목표달성을 위해 열정과 헌신적으로 행동하고 긍정적 사고로 문제를 대한다. 또한 누가 보든 안 보든 프로답게 행동하며 자기 책임이 아닌 일에도 책임감 있게 협력한다. 때로는 겸손할 줄 알고 뒤로 물러나 권한을 위임할 줄 알아야 한다. 이를 통해 직원들은 리더를 신뢰하게 되고 그 행동을 본받는다.

여덟째, "인격을 개발하라"라는 말은 리더가 지금까지 언급한 지식, 스킬, 태도만이 아니라 인격적 특성을 지니고 있어야 한다는 뜻이다. 이는 리더가 분명한 가치관을 가지고 이를 추구하라는 의미이기도 하다. 즉, 가치관이 분명한 리더는 윤리적으로 넘지 말아야 할 기준을 지키며 가치의 추구가 자신이 더 강해져야 할 이유이므로 직원에게 끼치는 긍정적 영향은 매우 크다고 할 수 있다.

위의 사례는 상사와 부하의 관계에서 갖추어야 할 리더십의 핵심내용이지만 꼭 상하관계에서만 적용되는 점은 아니다. 그 원리를 이해한다면 팀

구성원들과의 관계에서도 적용될 수 있는 내용들이다. 따라서 본 사례는 성과를 실현하려는 팀에서 신뢰관계를 형성하고 이를 지속적으로 유지하는 관계형성에 큰 깨달음을 제공한다.

## 자연주의 인본경영: 마이다스아이티

세계 7개국만이 보유한 최첨단 핵심 원천기술을 독자적으로 개발하고 창업 7년 만에 건설 CAE(Computer Aided Engineering) 분야의 1위에 올랐으며 글로벌 100대 엔지니어링 기업의 절반 이상을 고객사로 확보하고 있는 우리나라 소프트웨어 분야에서 유일하게 세계적으로 1위를 달리는 기업이 마이다스아이티(MIDAS IT)이다.[5]

마이다스아이티의 경영원칙은 사람에 있다. 기업이 가장 필요한 것은 사람이고 사람들이 원하는 것은 행복이라는 것이다. 그래서 경영의 지향점은 행복인재의 육성에 있다. 그들의 내부를 들여다보면 일반 기업과 달리 독특한 기업문화 속에서 다른 경영방식을 취하고 있다.[6]

채용에 있어 지원자에게 학벌뿐만 아니라 흔한 토익점수도 요구하지 않는다. 스펙을 보는 것이 아니라 열정, 전략적 사고, 관계역량, 가치관, 지식의 순으로 능력을 본다. 승진도 사원은 4년마다 자동승진하고 임원은 6년마다 자동 승진한다. 그리고 퇴직 이후에도 임금피크제를 적용하지만 전문역, 자문역으로서 종신고용을 내세우고 있다. 급여체계를 보면 성과급이 없고 대기업 수준의 기본급만 존재한다. 또한 복리후생제도가 훌륭하다. 3식 모두를 호텔급 수준으로 제공하고 있고 집만큼 편안한 잠자리가 있다.

그래서 통근거리가 먼 사원들은 아예 회사에서 먹고 자고 일하는 경우를 흔히 볼 수 있다. 또한 피트니스 센터, 무료 미용실도 갖추고 있다. 뿐만 아니라 대학까지 학자금을 전액으로 지원하고 있다. 특히 사원들에게 세심한 배려로 볼 수 있는 것은 시크릿 셰프이다. 이것은 월 1회 가정에서 바로 요리해서 먹을 수 있는 특급 재료를 사원이 가족 수만큼 주문하면 무료로 셰프가 만들어 제공하는 것이다.

여기서 마이다스아이티의 특이한 점은 성과급 없이 종신고용을 내세우고 있다는 것이다. 이는 분명 다른 기업들이 성과를 내고자 하는 방식과 다르다. 그렇다면 마이다스아이티가 성과를 내는 개념은 어떻게 다를까?

이들이 생각하는 성과는 열정과 전략적 사고력을 바탕으로 한 지식과 관계능력이 핵심요인이라는 것이다. 이를 공식화하면 "성과=열정+전략적 사고력+(지식, 관계능력)"이 된다. 이러한 생각은 성공하는 사람들의 공통점이 열정을 가지고 전략적 사고를 한다는 것을 기반으로 하고 있다. 즉, 치열한 자세(열정)로 치밀한 일처리(전략적 사고)를 해야 성공한다는 것이다. 그래서 신입사원 평가도 그러한 능력을 우선시하여 본다.

매사에 치열하게 일하는 실제 사례로는 부서별 워크숍이 있다. 사전에 팀 비전과 전사적 상황과 연계하여 주제를 정하고 팀장은 팀원과 일대일 면담을 통해 주제를 이해할 때까지 반복해서 대화한다. 팀원의 관심을 극대화하려는 조치이다. 다음으로 이를 실현하기 위해 기존 사고를 버리고 제로베이스 사고로 마인드, 업무프로세스, 관리의 혁신방법을 계획한다. 이것이 구체화되면 전략코칭을 위한 임원급 리더를 초청하여 결과를 공유한다. 이때 자신이 발표한 전략과제에 대해 책임감을 가질 수 있도록 1인 1발표를 원칙으로 진행한다. 워크숍 이후 실행계획을 실천하기 위한 몇 달간

치열한 업무가 이어진다. 이러한 워크숍은 최소 10일에서 15일 정도의 시간에 걸쳐 진행된다. 이때 직원들은 밤을 지새우거나 쪽잠을 자면서 회의를 진행한다. 정말 독하게 계획을 수립하는 그들이다.

또한 치밀한 업무수행을 보여주는 사례도 있다. 그것은 고객을 위한 세미나 초대 이메일이다. 일반적 홍보수단으로 보내는 이메일은 별로 효과가 없다. 그러나 그들은 다르다. 먼저 세미나의 목적과 목표를 명확히 하여 내용과 디자인을 그에 맞게 계획하고 직원들과 공유한다. 중요 고객은 2차 전화통화까지 염두에 두고 계획한다. 그리고 수신자 상황을 분석하고 점검한다. 수신자 취향, 사업내용, 기술수준, 업계현황 등 가능한 모든 요소를 조사하고 파악한다. 다음으로 수신자가 참석할 수밖에 없는 관심 정보를 선정하고 핵심메시지를 도출한다. 일종의 유인책을 만들려는 것이다. 그러고 난 다음 내용을 배치하고 초안을 작성한다. 이때도 레이아웃, 클릭버튼의 위치와 크기 등에 치밀함을 부여한다. 이것을 관련자들이 모여 실제 시뮬레이션 해보는데 이는 목표달성이 가능한지를 점검하려는 것이다. 여기서 끝나는 게 아니다. 그 후 메일 발송시점, 주기, 제목까지 정해 메일을 열어볼 가능성을 높인다. 또한 목표달성이 안 될 경우를 대비하여 대안을 마련해놓는다. 발송 후 끊임없이 모니터링을 하여 상황이 바뀌면 대안을 적용한다.

이렇게 마이다스아이티의 직원들은 그들의 성과 달성을 위한 공식을 그대로 실천함으로써 업무능력을 성장시킨다. 이는 보고와 결재의 장면에서도 그대로 나타난다. 이때 리더는 보고자에게 시시콜콜 지시하는 것이 아니라 직접 실행자의 생각을 경청한다. 그런 뒤에 일의 논리에 맞게 리더의 경험과 통찰력을 불어넣는다. 일례로 CEO(이형우 대표)는 업무책임자에게 일의 목적, 자연이치, 사람들의 심리적 요인 등에 대해 물어보고 의견을 교환한다. 마치 대학원에서 연구수업을 하듯이 말이다. 그것은 업무책임자가 일의 전략과 실행방법을 완전히 이해할 때까지 반복하여 실행력을 높이려는 의도이다. 또한 이것은 형식적인 보고에 그치기보다 일의 본질을 집요하게 토론하고 협의하여 사람의 사고능력을 고양하고자 하는 의도로 볼 수 있다. 이렇게 그들은 단순히 일 처리에 급급하기보다 일을 통해 사람을 성장시킨다는 생각이 더 크다.

　사람을 육성하는 데 대한 마이다스아이티의 생각은 명확한 이론을 근거로 하고 있다. CEO가 표방하는 자연주의 인본경영(自然主義 人本經營)은 "인간에 대한 과학적 이해를 바탕으로 인간과 세상의 행복을 효과적으로 추구하는 경영"이다. 사실 이러한 경영철학은 CEO의 오랜 고민 끝에 탄생한 것이다. 그는 2004년 사업이 한창 성장할 당시, 조직 내의 의사소통에 어려움이 발생하고 직원들의 이직률도 점점 높아지기 시작하면서 회사의 발전과 직원의 행복 사이의 괴리감에 대해 고민을 하기 시작했다. 그리고 인간에 대해 사회생물학, 뇌과학, 심리학과 같은 과학적 이론을 근간으로 사람이 추구하는 행복의 실체를 파악하였다. 그의 경영철학에서 자연주의는 욕망론으로 대변된다. 그는 동물진화 과정에서 존속에 유리하도록 유전자에 등록된 본성과 본능을 '욕구'라고 보았고 이러한 본성과 본능적 욕구를 해소하기 위해 환경학습을 통해 형성된 것을 '욕망'이라고 정의했다. 그리고 인간은 욕망하는 존재이며 그래서 성장한다고 보았다. 따라서 인간의 모든 사고와 행동의 지향점은 쾌(快)를 증가시키고 통(痛)을 감소시키는 '욕망'을 추구하고, '행복감'이란 이러한 욕망을 통해 인지한 보상이라는 것이다. 또한 욕망은 단계적으로 생존의 추구(재물, 건강, 혈연보호 욕망과 같은 동물적 욕망), 성장의 추구(성취, 인정, 성공 욕망과 같은 사회적 욕망), 완성의 추구(자기실현, 이타적인 삶과 같은 정신적 욕망)가 있으며 인간은 이러한 욕망을 채웠거나 채울 가능성이 클 때 행복감을 느낀다는 것이다. 그래서 앞서 밝힌 마이다스아이티의 훌륭한 복리후생제도도 생존의 욕망을 최고수준으로 해결함으로써 행복감을 제공하자는 경영철학의 기반에서 탄생되었다. 그는 인심이 후해서 직원들의 복리후생을 좋게 만들었던 것이 아니라 구성원들의 안정적인 생활을 보장하고 자부심을 느낄 수 있도록 최고의 근무환경과 복리후생을 제공함으로써 조직에 대한 신뢰를 형성하고 이로써 다음 단계의 욕망 추구를 쉽게 하려는 것이다.

다음 욕망 단계인 성장의 욕망에서도 CEO의 경험에서 나온 원리를 경영에 그대로 적용하고 있다. 그것은 '기회-헌신-성과-인정'의 성공프로세스이다. 그는 기회는 주어지도록 만드는 것이라고 강조한다. 그리고 기회를 준 사람에게 헌신하는 자세가 필요하다. 이를 통해 계획된 성과를 이루며 인정을 받게 된다. 그리고 이것은 상대방에게 신뢰를 쌓는 결과가 되어 더 큰 기회가 주어지며, 더 큰 성과로 더 큰 인정으로 이어진다. 그는 1986년 대우조선에 입사하게 된다. 큰 포부를 가지고 입사하였지만 맡은 임무는 대부분 복사와 제본이었다. 그러나 하찮게 생각되는 복사업무도 시간을 줄이기 위해 분류연습을 하고 작은 글씨도 알아보기 쉽게 확대복사하며 세심하게 처리하였다. 또한 종이 걸림을 해결하기 위해 주말에 복사기 대리점을 찾아 해결방법을 배우며 업무효율을 높였다. 이로써 그는 회사 내 복사왕이라는 별명을 얻을 정도였다. 이렇게 되자 상사와 선배들이 중요한 복사는 모두 그에게 맡기기 시작했고 그는 복사를 하면서 상대의 중요업무가 무엇인지 요구가 어떤 것인지를 알 수 있었다. 그 후 선배들도 복사만 시키는 것이 미안한지 일을 하나씩 가르쳐주기 시작했다고 한다. 어느 날은 미국출장을 다녀온 부서장이 공부하라고 그에게 해양구조설계의 최신기술이 담긴 책 한 권을 주었다. 그는 어려운 내용도 있었지만 열심히 공부했다. 그러는 동안 그는 책의 내용 중에 회사에 도움이 되는 것이 있어 이를 공유코자 아예 통째로 번역하여 책으로 만들어버렸다. 이를 본 부서장은 1년도 안 된 햇병아리에게 그것을 선배들을 대상으로 강의를 하라고 시켰다고 한다. 실력을 인정받은 그는 이후 본격적인 설계업무를 맡을 수 있었다. 그런데 업무를 하면서 설계값을 수작업으로 계산하여 설계하는 것이 시간이 오래 걸리고 설계 또한 불필요하게 과대해지는 것을 발견했다. 그는 이것을 해결하기 위해 3개월 동안 자동으로 최적설계가 되고 시간과 물량을 감소할 수 있는 프로그램 개발 연구에 빠지게 된다. 이 노력은 성공으로 이어졌고 부서장에게 크게 인정을 받았다. 이어 부서장은 그에게 제대로 해보고 싶은 업무가 무엇인지를 물었으며 설계자동화 소프트웨어 개발을 해보고 싶다고 대답했다. 개개인의 노하우가 공유되지 않아 설계품질에 차이가 있어 이를 통합해보자는 취지였다. 입사 2년도 안 된 그는 본부 내 소프트웨어 개발 책임자로 임명되어 결국 프로그램 개발에 성공했다. 이것은 훗날 마이다스 소프트웨어 개발에 기반이 된 것은 말할 나위도 없다.

마이다스아이티는 바로 이러한 경험을 바탕으로 사람을 키운다. 그 일례로 입사 2년 차 박재현 팀장은 디자인기획팀장으로 발탁된다. 어린 나이에다 경험도 부족하고 열정 하나로 덤벼든 그에게 의심과 따가운 시선이 쏟아지는 것은 당연했다. 하지만 그는 팀 비전(마이다스 역사상 최초로 지원팀 평가 1등)을 팀원에게 공유하고 절박한 마음으로 팀원들과 대화를 나눈 결과 팀원들의 마음을 열었다. 그 후 '전략적 디자인 프로세스' 목표를 8~9개월 동안 거의 매일 밤을 새우다시피하여 치열하게 팀원들과 함께 만들어나갔다. 그 기간 동안 집에 가는 사람은 아무도 없었으며 모두가 절박한 심정으로 일했다 한다. 누가 시킨 것도 아닌데 말이다. 그리하여 새로운 팀 문화를 형성하고 일하는 방식을 변화시키는데 성공했다. 그리고 신입사원 팀장의 리더십과 팀원의 열정에 서로 감사와 격려의 말을 나누었다. 이들은 기회에 감사하고 자신의 발전에 대한 성취감을 느끼고 있었다. 이와 같은 사례는 2001년 초 도스용에서 윈도용으로 개발할 때 열정을 보여준 고영현 대리(현재 일본법인 책임자이다), 인사는 사람의 일을 처리하는 것이 아니라 사람을 배우는 직무라는 것을 인식하며 인사 혁신을 도맡아 처리하는 김원만 과장 등에서도 찾아볼 수 있다. 지금도 수많은 직원들이 그들의 기회에 대한 치열함과 치밀한 일처리를 통해 성장하고 있다.

마이다스아이티는 성장의 추구에서 더 나아가 자기완성의 추구를 위한 정신적 욕망을 채우는 데도 노력하고 있다. 그들의 경영 목적은 주주의 이익이 아니라 구성원의 행복을 돕고 세상 행복의 총량을 늘리는 것에 두고 있다. 그래서 구성원들은 그들이 잘하는 것이 기술이니 자신들의 기술로 세상을 행복하게 하는 것을 사명이라고 배운다. 그들의 제품을 구입한 세계의 협력사들과 그 건축물을 사용하는 수많은 사람들의 행복에 기여한다는 생각으로 불가능한 도전을 현실로 만든다. 직원들은 이러한 가치를 실현시키는 과정을 통해 더 크고 지속적인 행복을 얻는다고 생각한다. 그래서 마이다스아이티의 기술자들은 세상의 이치를 이해하고 현상의 의미를 끊임없이 모색하는 철학자, 미지를 규명하기 위해 논리적·분석적 연구를 하는 과학자, 창의성으로 혼을 담아 개발한다는 점에서 예술가라 할 수 있다. 또한 그들은 개인에게도 인격이 있듯이 회사도 품격이 있다고 본다. 바로 올바른 가치를 생산하고 그것을 세상과 공유하며 그 정신을 발전 계승하는 회사이다. 그것이 위대한 회사라는 것이다. 이것은 또한 경영자의 올바른 책임이라고 생각한다. 그래서 정신적 추구라는 더 높은 단계로의 성장을 위해 경영자로 성장하는 행복한 직원들을 키우고자 노력하고 있다.

# 고성과를
# 이끄는
# 4가지 전략

공명(Resonance): 자아의 울림, 열정의 시작

자각(Realization): 치밀한 시도, 추진력의 원천

관계 조성(Rapport): 행복한 헌신, 공동의 이익

성장 피드백(Raising): 자기성장의 몰입, 고성과의 근간

Part 2

## 제4장
### 공명(Resonance):
### 자아의 울림,
### 열정의 시작

우리는 언제나 어떤 새로운 일이나 도전적인 일에 맞닥뜨리면 행동을 발휘하게 하는 어떤 원천을 찾는다. 긴장감, 위기감, 결의와 같은 것들 말이다. 하지만 사람들은 대개 생각만 있지 그러한 원천을 찾거나 확보하려는 실천을 쉽게 하지 못한다.

저자의 컨설팅 경험에서 보면, 한 조직이 나아갈 방향에 대해 여러 사람의 의견을 통합, 분석한 전략과제에는 별 이견이 없다가 전략수행에 맞는 조직구조, 즉 전략실행에서의 역할에 대해서는 만만치 않은 반대에 부딪힌다. 그 이유는 자기 조직이 축소되거나 새로운 역할이 과다하다든가, 자기 조직에 대한 이해관계자들의 인식 저하 등 구성원들의 편견이 저항으로 나타난 것이다. 총론은 찬성이지만 각론에서 자기 이익(편함, 권력유지 등의 혼합)의 손실은 절대로 허용하지 않겠다는 것이다.

또 다른 경우를 보면, 인사관리 업무를 효율적으로 수행하고자 제법 돈을 들여 인사관리 전산시스템을 도입하였으나 연간 업무절차대로 제때 사용되지 않는다. 예로 인사평가 마감일이 지나 확인해보면 각 부서의 평가

결과의 등록률은 형편없다. 그렇다고 마감일이 지나면 아예 등록을 하지 못하도록 조처하고 패널티를 부가한다고 하면 부리나케 마감 전날 질적으로 형편없는 평가결과를 올리고 만다. 아무리 인사평가가 중요하다고 교육을 해도 고쳐질 기미가 보이지 않는다.

기업에서 상기와 같은 사례는 수없이 많다. 그렇다면 구성원들의 생각과 행동에서 차이가 나는 것은 과연 무엇 때문일까?

그것은 누군가 행동하려고 할 때 자신을 가두는 "사고(思考)의 방"이 존재하기 때문이다. 그 방의 정체는 우리는 괜찮다고 안주하려는 자만(自慢), 자기 입장 위주로 세상을 보는 편견, 자신의 약점에 대한 불안 혹은 방어, 책임에 따른 자기 손실(혹은 벌)에 대한 방어, 그리고 이러한 부정적 요인들을 말없이 인정하는 구성원 등이 그것이다. 실로 구성원들은 이 방안에 존재하면 안정감을 느낀다. 비록 그것이 부정적 요인으로 가득 찬 방이라고 알면서도 쉽사리 방 밖으로 나오려고 하지 않는다. 왜냐면 자신이 경험한 세상, 즉 자신이 믿고 있는 타당한 경험들로 확고해진 사고의 틀이나 방식이 "사고의 방"이기 때문에, 이것을 벗어나면 잘못될 수 있다는 두려움과 공포를 느끼기 때문이다.

이제 이러한 부정적 "사고의 방"에 갇힌 사람들을 탈출해내어 보자. 그렇다면 조직은 구성원들이 부정적인 "사고의 방"에서 탈출할 수 있도록 무언가를 만들어주어야 하는데, 바로 "공명의 마당"이다. 이것은 계속 방에 갇혀 있는 것이 더 위험하다고 인식하거나 방에서 나오면 더 좋은 혜택이 존재한다는 것을 인식하게 하는 마당이다.

이것의 의미는 구성원들이 마치 출근길 버스에 사람을 가득 실어 꼼짝달싹도 못 하는 상황에서 바로 옆 사람과의 간격을 유지하거나 피해를 주지 않으려고 안간힘을 쓰는 모습으로 목적지까지 가는 여정이 아니다. 그야말로 집단구성원들이 무인도에 표류하여 그들이 탈출하기 위해 위기감을 공유하고 서로의 아이디어를 통해 새로운 탈출방법을 만들어 성공적으로 목적지에 도착하는 여정과 같은 것이다. 전자에서는 새로움이 발생하지 않는다. 하지만 후자는 어떤 부정의 요인도 개입하지 않을 경우(사실 생존을 위해 다 같이 합심하지 않으면 안 되는 상황이라 거의 부정적 요인의 개입은 없지만), 목적달성을 위해 서로의 생각을 발산하고 모아 새로움을 탄생시킨다.

따라서 조직에서 "공명의 마당"은 세 가지 정도의 조건이 필요하다. 첫째, 개방성이다. 기업 전체나 단위조직에서 어떤 행동을 할 때 알아야 할 정보나 지식이 교류되어야 한다. 그래야 조직이 살아 있다. 즉, 사람이 건강하다는 척도로 혈액순환이 좋은 것과 같은 이치이다. 둘째는 자율성이다. 간섭, 개입의 통제보다는 스스로 생각하고 교류하고 통합하는 자율적인 활동을 할 수 있도록 하는 것이다. 셋째는 촉매제이다. 이러한 활동을 더 가속화할 수 있도록 리더의 리더십이나 건전한 방향을 더 촉진하는 풍토, 문화가 필요하다. 예를 들어, 기존의 방식이 아닌 예외적인 생각도 쉽게 수용하고 통합해나가는 문화를 말한다.

조직에서는 이러한 "공명의 마당"을 만들어놓고 구성원들을 뛰어놀게 하는 것이다. 인간은 스스로 통찰하는 능력을 가지고 있다. 이 의미는 누구나 어떤 경험이 있으면 어떤 과제가 주어지더라도 무엇을 어떻게 어느 정도로 하면 이루어낼 수 있다고 인식하는 능력이다. 그러므로 조직은 건전한 공명의 마당을 만들어놓고 사람들 스스로에게 맡기면 된다. 단지 서로에게 상호작용하는 울림이 있고 그것을 다시 자신이나 더 큰 구성체에게 울림을 줄 수 있도록 환경을 만드는 것이 필요하다. 시간적으로는 좀 느릴 수 있지만 구성원들 스스로 생각하고 행동하게 하면 큰 변화를 이루어낼 수 있다. 정말 중요한 것은 사람이 이러한 능력이 있다는 것을 믿는 것이다.

그렇다면 성과관리에서 어떻게 하면 가장 적절한 공명을 할 수 있을까? 이미 제2장의 4R 모델에서 언급했듯이 공명은 외부 공명과 내부 공명이 있다. 이 방법에 대한 자세한 내용을 알아보도록 하자.

## 외부 공명

외부 공명은 자신의 외부에서 오는 울림으로 일을 추진하는 데 있어 건전한 위기감을 갖는 것을 말한다.

하지만 리더들은 이러한 위기감을 갖기 위해 잘못된 방식을 취하기 쉽다. 그것은 위협을 주거나 강제로 취하는 행동이다.[1]

저자는 그동안 강력함만 앞세운 경영자의 잘못된 행동으로 구성원들이 적극적 수행을 회피하거나 꺼리는 것을 보아왔다. 예로, 설문응답에서 기대에 미지치 못한, 특히 리더십에 대한 낮은 응답에 대해 설문에 참여한 개인을 추적하는 경우이다. 또한, 자신을 따르지 않는 사람들을 외진 곳으로 갑자기 이동 배치해버리고 자신과 의견을 같이하는 사람들에게 직책을 맡기는 등과 같은 행동이다. 경영자 자신은 이러한 강력한 행동을 취하면 구성원들이 잘 따라줄 것이라 생각하지만 실제로는 진정성이 결여된 채 형식적으로 따를 뿐이다. 마찬가지로 성과를 높이기 위해 성과평가에 따른 성과급에 차이를 둔다든가, 승진에서 제외시키는 등의 상벌로 위협을 주는 방법으로는 근본적으로 구성원의 마음을 얻기 힘들다. 이것이 만연하면 서로에게 책임을 전가하거나 적당한 사람을 겨냥하여 비난하고 자신의 책임을 모면하려는 사람들이 늘어난다. 또한 적절한 방식으로 상황을 넘기려는 기회주의자들이 많아진다. 이렇게 조직분위기가 잘 돌아가지 않으면 강력함만 앞세운 리더는 대개 이전보다 더 강력한 강제적인 방법을 취한다. 그러면 그럴수록 구성원들은 예견되는 문제나 발생한 문제를 덮기에 바쁘다. 우리 조직은 아무 일도 없다는 듯이 오히려 잘 나가고 있다는 피상적 증거를 내세운다. 업무는 형식적으로 운영되고 실질적인 문제해결이 되지 않아 실적은 점점 더 나빠진다. 누구 하나 적극적으로 나서서 위기상황을 극복하자고 말하는 사람은 더욱 없다. 그러면 권위에 도전하는 하극상이라고 모두 인식하고 있다. 구성원들은 최고 권력자의 말을 적절히 이행하면서 자신이 손해를 보지 않은 사람을 롤모델(role model)로 인식한다.

성과를 이끌어내는 리더나 구성원들이 문제를 극복하기 위해 아무리 나서려 해도 강력함만 내세운 조직분위기에서는 새로운 일이나 도전적인 성과를 이루어낼 수 없다. 이러한 상황은 비단 조직 전체의 모습뿐 아니라 팀 단위 조직에서도 일어난다. 일종의 개인적인 공포가 집단적으로 공명을 일으킨 모습이다.

그렇다면 어떻게 해야 긍정적인 "공명의 마당"을 만들 수 있을까? 물론 직원에게 경영위기에 대한 정보를 공유하는 설명회, 긴축재정으로 직원에게 업무수행 과정에서 긴박감을 인식하게 하는 등 여러 방법이 동원될 수 있다. 하지만 구성원의 마음에 직접적으로 와 닿기에는 부족하다. 그래서 구성원들이 진심으로 공감할 수 있는, 즉 팀 단위에서 건전한 위기감을 갖는 방법을 언급하고자 한다. 따라서 〈그림 4-1〉과 같은 방식을 취한다면, 타성에 젖어 있는 구성원들에게 충분히 긴장감을 주어 새로운 것에 도전하도록 하는 동기유발이 가능하다. 긴장감은 긍정적 에너지를 끌어내는 원천이다. 사람은 유희 혹은 재미만으로 에너지를 발휘할 수 없다. 혹독한 반성, 즉 부정적인 면을 인식하여야만 긍정적 에너지를 얻을 수 있다. 이 둘은 반대되는 개념이 아니라 하나의 집합체로 존재하고 있으며 사람이 사고하는 기본적인 원리이다. 아래의 방식은 실제로 팀 단위에서 성과목표를 설정하기 전에 리더와 구성원들 간에 미팅에서 충분히 활용할 수 있다.

▼ 그림 4-1  외부 공명의 접근방식

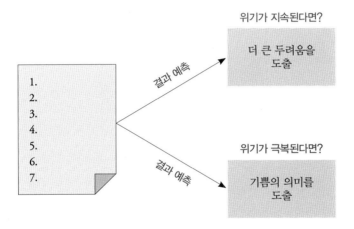

## 위기상황 포착

첫째로 리더가 구성원들에게 현장에서 "위기상황"을 포착해 오도록 하는 것이다. 위기를 인식하는 데는 탁상공론이 되어서는 곤란하다. 사람들은 자신에게 신체적이든 정신적이든 직접 아픔을 경험하지 않고는 그 아픔으로 인한 고통을 생각하지 못한다. 실제 그 아픔을 겪고도 잠시 진정된 분위기로 전환되면 그 아픔으로 인한 고통은 곧 잊어버리는 것이 사람이 가진 특성이다. 아니면 훨씬 줄어든 고통으로 인식하기도 한다. 따라서 위기상황을 타인으로부터 듣거나 문서로 보는 것은 진심 어린 인식이 되지 못한다. 따라서 현장에서 위기상황을 찾고 체험하는 것이 진정한 위기를 인식하는 첩경이다. 현장에서 위기상황을 찾는다는 것은 문제점이나 해결책을 찾아오라는 것이 아니다. 각자의 시각에서 현장에서 잘못되고 있는 상황을 찾아오라는 것이다.

물론 리더는 위기상황을 충분히 경청할 수 있다는 개방적 분위기를 만드는 것이 중요하다. 어떤 구성원은 소극적으로 현장을 볼 수 있고 어떤 구성원은 솔직한 시각으로 상황을 볼 수 있다. 중요한 것은 우리 현장에서 위기라는 증거를 찾아 내부에 공유하는 것이다.

때로는 설문이나 기타 과학적 방식을 통해 위기를 찾는 것이 타당하다고 생각할 수 있다. 하지만 이미 언급했듯이 사람은 고유의 통찰력을 갖고 있다. 그래서 조속하게 위기상황을 인식하고 공유하기 위해서는, 과도한 분석에 시간을 투자하여 증거를 얻기보다 통찰력을 발휘하는 것이 더 나을 수 있다. 예를 들면, "계획적인 IT시스템의 구축이 미흡하여 자료를 만드는 데 여기저기에 흩어진 데이터를 수작업으로 통합하고 있다. 사람마다 구매방식을 다르게 운영하여 비효율이 만연하다. 타 부서 혹은 타인에게 지원업무가 너무 많은 관계로 본연의 업무수행에 차질을 빚는다. 법, 규칙, 기준에 맞게 처리하는 데 급급하여 본래 업무 목적을 달성하려는 효과성이 저해되고 있다" 등등의 수많은 위기상황을 현장에서 포착할 수 있다.

이렇게 위기상황을 현장에서 직접 포착하는 것은 직원들이 이후 목표를 설정하고 수행하는 데 있어 기필코 목표를 달성하고자 하는 마음이 살아있도록 하는 중요한 촉진제가 될 수 있다.

## 위기상황의 결과 예측: 두려움의 인식

둘째는 이러한 위기상황에 대한 결과를 예측하는 것이다. 즉, 이러한 위기상황이 지속된다면 우리 조직에 어떤 결과가 벌어질 것인가를 예상해보는 것이다. 이러한 접근은 기존 위기상황을 방치할 경우 더 안 좋아지는 결과를 예상해봄으로써 실패, 축소, 절망감 등에 대한 두려움을 가져보는 것이다. 그렇게 되면 기존의 상황에 대한 집착을 버려야겠다는 감정이 발동되어 부정적 "사고의 방"에서 나올 수 있다.

하지만 이 단계는 무조건적인 긴장감을 불러일으키려는 것은 아니다. 즉, 구성원에게 처절한 결과를 인식시키려고 권위적이고 강압된 말로 정신 무장시키는 긴장감 조성으로는 진정한 성과를 낼 수 없다. 물론 이것보다 더 잘못된 방식은 좋은 게 좋다는 방식으로 방임하는 것이다.[2] 이 단계에서 얻고자 하는 점은 참담한 결과에 대해 평상심을 갖고 냉철하게 상황을 보면서, 참담한 결과를 맞닥뜨리지 않겠다는 결의를 갖기 위한 긴장감을 갖게 하는 것이다. 분명 말하건대 강압적인 결과인식만 강조해서는 진정한 위기감을 가질 수 없다. 이러한 위기감은 당장의 목표달성을 위해 실행하는 행동에 영향을 끼칠 순 있지만 지속적으로 사람의 마음을 움직일 수 없다.

그래서 여기에 머무르지 않고 다음 단계에 더 접근해볼 필요가 있다.

## 위기상황의 결과 예측: 기쁨의 예상

셋째로는 위기상황에 대한 결과 예측을 긍정적으로 바꾸어보는 것이다. 즉, 위기상황이 극복된다면 어떤 기쁨이 예상되는지를 논의해본다. 이때 위기상황을 극복하기 위해 어떤 방법을 동원할 것인가를 고민하기보다 우리에게 주는 기쁨이 무엇인지를 논의하는 것이 중요하다. 여기서 중요한 점은 어떤 방법으로 위기상황을 극복해볼 것인가는 추후에 논의할 문제로 너무 극복방법에 깊이 빠지지 말아야 한다.

기쁨을 예상해보는 예를 들어보면, 우리는 언제나 그렇듯이 우량기업의 성공담을 접하게 되면 부럽기 그지없다. 이야기를 접하면 '우리는 이들처럼 일이 재미있고 서로가 성장하도록 도와주는 진심 어린 교류를 언제 할 수 있을까?'라는 생각을 하게 된다. 우량기업들이 맛보는 기쁨을 생각하여 공유해보는 것이다. 이러한 접근은 기존 위기상황을 멋있게 바꾸어내어 기쁨으로 다가오는 결과를 예측해봄으로써 기존 방식에 집착하는 관행에서 벗어나게 도와준다.

덧붙여 〈그림 4-1〉에 제시한 위기상황의 공유를 위한 "공명의 마당"에서 생각해보아야 할 점이 있다. 어쩌면 개인은 일상에서 위기상황을 알고 있고 그것을 마음에 지니고 있을 수 있다. 하지만 실제 조직에서 이러한 위기상황을 서로가 공감하고 무엇인가 바꾸어보고자 의기투합하는 기회를 갖기란 쉽지 않다. 인지행동 이론(사고, 행동 그리고 행동으로 옮길 때 중요하게 생각되는 감정 사이의 상호작용에 관한 이론)에서 알 수 있듯이 감정은 우리가 행동으로 옮길 것인지 말 것인지에 대한 욕구와 용기를 갖게 한다. 물론 행동을 할 때 취하는 감정에 영양분을 공급하는 것이 사고이다. 동시에 행동은 우리 자신과 주변 환경에 대한 우리의 믿음(사고)을 강화시킨다.[3] 따라서 사람들 간의 감정의 교류는 이성적 판단보다 행동으로 옮기려는 동기유발에 더 큰 힘을 주게 된다. 만약 이러한 교류가 깊어진다면 어떤 일이나 변화를 추진해나갈 때 예기치 못한 장애물이나 문제가 발견되더라도 적극적으로 참여하여 서로에게 도움을 줄 수 있을 것이다.

## 내부 공명

내부 공명은 내부의 자아에게 울리는 것으로 자기 확신이나 자신감을 갖는 것이다.

자신감을 갖지 못하는 것은 반대로 두려움을 갖는 것이다. 우리는 어떤 일을 할 때 본능적으로 실패를 염두에 두는 경우가 많다. 그러니 새로운 것이나 도전적인 일에 대해 항상 두려움을 가진다. 여기서 저자가 겪은 경험을 바탕으로 그 두려움에 대해 자아가 가진 힘이 얼마나 강한지를 어필해 보고자 한다.

근래 우리나라 직장인들은 IMF 시기의 아픔을 강하게 기억하고 있다. 저자는 그때 중간관리자였으며 외환위기로 인해 팀원들보다 먼저 퇴직하게 되었다. 사실 첫 직장에서 나온 탓에 대처해본 경험이 없는지라 더더욱 무엇을 해야 할지 막막하였다. 그런데 이상한 것은 나의 내면에는 두려움보다는 뭔가 할 수 있다는 어떤 힘이 있었다. 물론 가족의 응원도 있었지만 나는 그때 단지 괴로움으로 현실을 대하기보다는 그 힘을 믿고 무작정 내가 하고 싶은 것을 하고 있었다. 당시 온라인 교육 시장은 영어학습에서 동영상을 제공하는 정도의 초보단계에 있었다. 나는 책에서만 언급되었던 구성주의 학습(constructivism; 비판을 하지 않은 절대적 지식의 학습보다는 인간의 고유능력을 수용한 경험적 해석, 지식의 재구성에 의한 학습)에 입각한 온라인 학습마당을 만들고 싶었다. 그래서 그 사업을 뒷받침해줄 중소기업과 함께 여러 대기업에 노크를 하였다. 하지만 현실의 벽은 높았고 뒷받침해주는 중소기업은 여력이 없었다. 그래도 흔들리지 않았고 세상에 대해 영향을 끼치고자 하는 힘, 즉 나의 미션 "나는 향후 성공하고 싶어 하는 사람들에게 나의 지적 산출물로 도움을 준다"를 믿었다. 결론적으로 1년도 못 되어 지인의 도움을 받아 다른 직장을 찾았지만 그때 나는 의기소침하거나 무능하게 대처하지 않았다. 지금 와서 생각해보면 내가 원하는 것을 스스로 하려는 의지가 있었기 때문에 힘든 시기를 넘어온 것으로 생각된다.

실제로 IMF가 오기 전 나는 내 삶에 대한 목적을 찾기 위해 엄청 노력하였다. 나는 첫 직장에서 과장까지 승진하였으나 항상 무언가 허전함을 느꼈다. 반듯한 직장은 있었지만 내 인생에서 진정 의미 있는 것이 무엇인지를 알고 싶었다. 30대 중반까지 나는 내 인생의 무엇 하나 내 뜻대로 결정하고 추진해보지 못했다. 초중학교는 거주지에 따라 고등학교와 대학은 시험점수에 따라 입학하였다. 심지어 직장까지 원서 넣은 것 중에 합격되는 데로 입사하였다. 그러던 중 주말 회합식 3개월짜리 셀프리더십(self-leadership) 코스에 당시 기본 월급에 해당하는 돈을 내고 나 자신을 찾는 기회를 가지게 되었다.

여기서 천신만고(千辛萬苦) 끝에 정립한 나의 미션선언서는 "향후 성공하고자 하는 사람들에게 나의 지적 산출물로 도움을 준다"였고 이렇게 결정해놓고 보니 장기목표가 저절로 떠올랐다. 그 당시부터 20년 후, 즉 "50대 중반에 나의 뜻을 같이하는 사람들과 함께 일할 연구소를 설립한다"였다.

실제 나의 인생방향을 정립하는 과정을 들여다보면, 나는 향후 어떤 의미 있는 삶을 살 것인지에 대해 묻기에 앞서, "도대체 나는 무엇에 관심이 있는가? 무엇을 해야 나 자신이 기쁜가?"를 물으면서 스스로에 대한 탐구에 들어갔다.

나의 어린 시절은 그다지 즐거울 게 없었다. 초등학교 시절 전학을 많이 한 탓에 친구는 별로 없었고 이후 고등학교까지 사귄 친구들과도 진심 어린 소통이 미흡했다. 왜냐면 나 자신이 모자라는 것이 너무 많았기 때문이다(순탄치 않은 집안 문제, 상위 성적순위를 원했으나 그저 평범한 성적 등). 하지만 어른이 되어 생각해본 건데 이건 내가 쳐놓은 장벽에 불과했다. 또한 주위에서 나에게 머리는 좋다고 하였으나 공부에 그다지 몰입하지 못했다. 뭔가 깊이 있게 습득하여 깨닫는 기쁨을 알지 못했기 때문이다. 그저 주어진 학교상황에 따라가기만 했다. 또한 나는 어린 시절 그림에 소질을 보이기도 했으나 그 기회를 이어갈 수 없었다. 미술선생님께서 초등학교 4학년 여름방학 과제물을 보시고 초등학교 내내 방과후 미술학습을 시켰다. 그러나 장남이라는 이유로 중학교를 가면서 집안에서 금지시켰다. 그땐 못사는 사람의 전형이 머리 기르고 화실에 박혀 그림 그리는 사람이었다. 그 후로 나의 적성이나 내가 뭘 잘하는지에 대해 알 기회는 가질 수 없었다.

난 아무래도 평범한 사람, 아니 그 이하의 사람이었다. 다행히 오기라는 것이 있어 어려운 환경에서도 대학생활 동안 몇 번의 장학금을 받은 경험이 있었다. 그게 유일한 효도였고 기쁨이었다. 그래서 직장에 입사 후 나의 모자란 점을 자책하면서 직장에서 인정받기 위해 몸부림을 쳤다. 하지만 직장에서의 인정은 잠시 기쁨일 뿐 인생에 걸쳐 나 자신을 이끌지는 못했다. 왜냐면 과연 내가 직장에서 지속적으로 승진하는 것이 정말 내가 하고 싶은 것인가에 대한 의문이 들었기 때문이다.

이렇게까지 자신을 점검해보았지만 정말 나의 관심과 기쁨이 어디에 있는지 모호하였다. 그래서 내가 가진 부정적인 상황을 제쳐두고 나의 긍정적인 면에 대해 더 솔직해져 보기로 했다.

나는 한번 결심하면 끝까지 해내는 의지가 강했다. 다행히 대학이나 직장에서 일이나 업무에 오기를 부려서 인정을 받은 경험이 있었다. 그러나 이것을 부활시키기에는 한계가 있었다. 여기에는 여전히 나의 부정적 이미

지가 깔려 있었다. 뭔가 다른 차원으로 접근할 필요가 있었다. 그때 셀프리더십 코스에서 제공하는 인생의 6대 영역(경제, 가정, 건강, 사회, 정신, 지적)에 대한 점검지의 도움을 받았다. 그 결과 나는 지적 영역에 가장 큰 관심을 갖고 있다는 것을 알았다. 그러고 나서 스스로에게 질문을 던졌다. "나의 지적 영역을 가지고 인생을 통해 기쁨을 느낄 수 있는 것은 무엇일까?"

훌륭한 글을 남겨 남의 존경을 받는 유명한 사람이 되는 것인가? 뭔가 새로운 이론을 발표하여 타인의 선망의 대상이 되는 것인가? 이러한 생각을 하면 아무래도 그렇게 되고 싶기는 하지만 뭔가 나의 내면에 기쁨으로 다가오지 않았다. 그래서 좀 더 나 자신이 인정할 만한 자랑스럽게 생각할 나의 미션을 위해 나 자신에 대해 솔직해야만 했다.

긴 고민 끝에 마침내 얻은 결론은 나 자신의 훌륭한 삶은 남을 돕는 것이었다. 그렇게 결정하는 순간 더 큰 행복으로 생각되는 것이 없었다. 그러고 나서 내 미션을 상상해보았다. 미래의 성공에 대한 수많은 요구들은 개인뿐만 아니라 조직을 대상으로도 가능한 일이었으며 나의 도움을 받은 이들이 행복해하는 것은 더할 나위 없이 나의 행복이었다.

저자는 지금도 그때 나의 자아와 만나 정한 인생의 방향대로 살고 있다. 그것이 남들과 다른 삶일지라도 나는 행복하다. 친구들 중에는 돈을 많이 벌고 유명세를 타고 각기 그 분야에서 인정되는 삶을 사는 이들이 있지만 부럽지 않다. 왜냐하면 그것은 내가 원하는 가치 있는 삶, 즉 내가 책임지고 살아야 할 삶이 아니기 때문이다. 그래서 어려움을 극복하기 위한 힘을 얻거나 자신만의 행복을 느끼기 위해서는 진정 자아와 만날 필요가 있다.

이 세상의 모든 사람은 각자 다르다. 이 말은 생김새가 아니라 자아(自我, ego)가 다르다는 것이다. 성격과 생김새가 유사한 일란성 쌍둥이도 분명 자아는 다르다.[4] 그렇다면 나(일반적으로 인식되는 자기 모습)와 자아를 구분해볼 수 있다. 자아는 어릴 때부터 자신이 다른 사람들로부터 받아온 경험에서 인식된 자신에 대한 믿음이다. 또한 이렇게 형성된 자아는 자기의 노력과 의지와 관계없이 자신의 자아와 반하는 행동을 하지 못하게 할 뿐만 아니라 무의식적으로 타인과 관계하면서 어떻게 반응할지를 자동적으로 조절하기도 한다.[5]

그러나 사람들은 일상에서 자아에 대해서 그다지 깊게 생각하지 않는다. "나는 누구지? 나는 다른 사람에게 어떻게 비쳐지는 존재이지?" 등의 질문은 심오하기만 하다. 그러나 분명한 것은 모든 사람은 알건 모르건 자신의 자아에 대한 소중함을 가지고 있다. 예를 들어, 일반적으로 타인이 나에게 어떻게 개선하여야 한다고 충고하면 그다지 인정하지 않는다. 아니 그것을 부정하고 싶어진다. 자존심이 상하면 더욱 그렇다. 그렇게 부정하고 싶은 마음은 바로 자신이 다치고 싶지 않다는 마음이고 무의식적이라도 자신의 자아를 소중하게 생각하기 때문이다.

사람이 생각하고 행동하고 느끼는 것은 자신이 품고 있는 자아와 항상 일치하여 나타나고 있다. 결국 자아는 우리의 전체적인 인격과 행동, 심지어 자신의 환경을 형성하는 전제이자 기초이며 삶의 바탕이 된다.[6]

하지만 안타깝게도 무의식적이라도 자아를 소중하게 생각하는 자신은 일상에서 진정 자아의 소중함을 잘 알지 못한다. 그리고 이렇게 소중한 자아인데도 불구하고 분명한 것은 타인이 자신의 자아를 들여다보기 어렵다는 것이다. 타인에게 비쳐지는 존재가 바로 '나'인데, 이것은 '나'라는 표면일 뿐이다.

자아를 들여다볼 수 있는 존재는 이 세상에 나밖에 없다. 다른 어떤 훌륭한 말도 단지 자신이 자아를 들여다보는 것을 도와줄 뿐이다. 따라서 사람들은 진실로 자아를 발견하려는 용기가 필요하다. 그리고 그 용기는 자신의 모습에 대해 솔직해야 가질 수 있다.

성과를 이끌어내는 데도 마찬가지 개념이 적용된다. 새로운 과제나 목표를 달성하기 위해 행동을 취하려는 직원들이 스스로 진정한 자기 모습을 드러내어 보면 책임감을 가지고 자신감 있게 행동하는 것을 볼 수 있다. 이것의 핵심은 새로운 과제나 목표에 대해 행동하려는 그들의 감정을 일깨우는 것이다. 그 감정은 잠깐의 기분과 같은 것이 아니라 목표달성 과정에서 어려움이 있더라도 꾸준히 헤쳐 나갈 마음, 즉 결의를 가질 수 있도록 하는 것이다. 이것을 아래 〈그림 4-2〉의 과정으로 설명해보고자 한다.

▼ 그림 4-2 내부 공명의 접근 방식

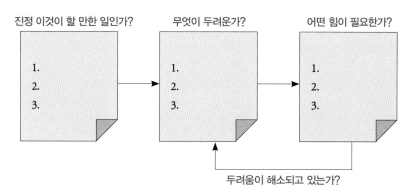

## 진정 이것이 할 만한 일인가?

첫째, "진정 이것이 할 만한 일인가?"를 정하는 것이다. 이 질문의 의미는 자신이 왜 그 일을 해야 하는지를 뜻하는 것이며 이에 대한 대답이 모호하다면 성과가 날 턱이 없다. 이것을 찾기 위해서는 스스로 여러 가지 질문을 던질 수 있다. "한 해 동안 일을 하면서 풀리지 않은 문제가 없는가?", "실패한 것은 무엇인가?", "성과를 내기 위해 진정 중요한 일은 무엇인가?" 등과 같은 것이다. 정확하게 표현하면 진정 내면에서 우러나오는 것으로 내가 책임지고 해야 할 일을 말한다. 또한 진정 해야 할 일이란 누가 왜 그러한 일을 하느냐고 묻는다면 그 이유를 분명히 말할 수 있는 것이어야 한다. 자신이 추진하는 일이 스스로 생각하기에 타당해야 한다. 그렇지 않고는 일에 대한 개인의 생각은 온전하지 못하다고 생각된다. 인간은 누구나 완전함을 추구하는 욕구가 있다. 그러한 욕구가 나타날 때 비로소 자신의 능력을 마음껏 발휘할 수 있다.[7]

하지만 이러한 일들은 협력적인 일도 있고 혼자 해결해야 할 일일 수 있다. 협력적인 일은 여러 사람이 관계되는 일이라 내가 과연 책임지고 해야 할 일인가를 되묻고 제쳐두기 쉽다. 하지만 그렇게 해서는 안 된다. 내가 진정 하고 싶은 일이라면 타인의 협력을 구해서라도 이루어내야 하는 것이기 때문이다. 일의 협력을 얻기 위해서는 자신의 진정성을 바탕으로, 즉 자신이 진정 이 일을 원한다는 욕구를 나타내어야 한다. 자신의 약점이나 모르는 것을 그들 앞에서 드러내어야 협력이 가능하다. 더 솔직하게 이야기하면, 자신을 감싸고 있는 포장을 과감하게 벗어던져야만 그들에게 협력을 원한다고 이야기할 용기를 가질 수 있다. 그래서 개인은 "진정 이 일이 할 만한가?"에 대한 질문에 솔직해져야 한다.

## 무엇이 두려운가?

둘째, 진정 해야 할 일을 추진하는 데 있어 내가 두려워하는 것을 밝혀보는 것이다. 실수에 대한 두려움이 될 수 있고 피해의식이 숨겨져 있을 수도 있다.[8] 진정 해야 할 일에 뭐가 발목을 잡느냐는 것이다.

일반적으로 조직에서 성과관리를 수행하는 단계에서 상위에서 제시된 목표이거나 스스로 설정한 목표일지라도 달성방안을 도출하여야 한다. 대개 달성방안이란 성공요인이나 장애요인을 도출하고 이에 대한 극복방안을 찾아낸다. 지금까지 성과관리의 장애요인은 순전히 일에 관련되어 예상되는 요인을 도출해왔다. 그것은 어떤 아이디어 부재일 수 있고 자원부족, 의사소통 결핍, 신뢰관계 미형성 등의 여러 유형일 수 있다. 주로 자기 자신의 문제보다 자기 주위의 장애요인을 파악했었다.

하지만 일을 추진하는 주체가 개인이라면 실상 개인의 생각이나 행동에 의해 상황이 바뀐다. 모든 상황은 나의 반응에 따라 달라지는 것이다. 결국은 내가 어떤 생각을 하고 어떤 두려움을 가지고 있기에 나의 행동이나 타인에게 영향을 끼칠 힘을 발휘하지 못하는 것이다. 나를 둘러싼 환경의 흐름 속에서 일을 한다면, 환경을 탓하고 변명을 늘어놓는 것보다 자신의 탓을 먼저 고려해보아야 할 것이다.

## 어떤 힘이 필요한가?

셋째, 두려움이 파악되었다면 이제 나에게 어떤 힘이 필요한지를 고민하는 것이다. 만약 자신이 실수에 대한 두려움으로 회피를 하고 있다면 이때 필요한 힘을 "추진력", "무조건 시도", "저질러봄"이라고 써도 좋다. 이것은 어떤 표현으로 이루어져도 좋다. 자신의 두려움을 예쁜 낱말로 표현하지 못한다고 해서 남의 눈치를 볼 필요가 없다. 이것을 표현하는 것을 두려워하지 말자. 왜냐면 사람은 자신만의 직감이라는 것이 있다. 두려움을 파악하는 것 자체만으로 그것을 극복하는 힘은 불현듯 떠오른다. 그렇다면 그것을 바로잡아서 글로 적는 것이 중요하다.

## 두려움은 해소되고 있는가?

넷째, 이제는 시도하는 것이다. 만약 여기까지 자신을 탐색해본 사람들이 두려움의 늪으로 다시 주저앉는다면, 자신이 선택한 것을 밀어붙이면 좋아질 것이라는 믿음이 부족하기 때문이다. 그러니 일단 시도해보자. 그러고 나서 자신이 갖고 있는 또 다른 두려움을 찾아내서 수정하면 된다. 시도해보는 과정에서 약간의 두려움이 극복된다면 더 큰 자신감을 갖게 되고 조금씩 나아지는 방향으로 뛰어갈 수 있다.

이때 고려할 점은 일종의 긍정의 힘을 발휘하는 것이다. 즉, 내가 어떤 생각을 해도 좋다는 것이고, 어떤 결정을 해도 잃을 것이 없다는 생각을 하는 것이다.[9] 다시 말해 너무 완벽해 지려는 욕구가 앞서거나 혹은 결과가 잘못되지 않을까 하는 생각에 어떤 선택에 대한 결과에 집착하는 것보다 "선택은 잘한 거야. 그 결과는 잃을 것이 없어. 왜냐면 잘 안 된다면 나에게 새로운 학습의 기회가 되는 셈이니까!"라고 생각하는 것이다. 실제 두려움에 대한 주저함은 환경이나 상대로 인한 것이기보다 스스로가 만들어놓은 경우가 더 많다.

그렇다면 긍정의 힘으로 시도함으로써 자신의 두려움이 해소되는지, 자신이 달라지고 있는지를 꾸준히 모니터링 해볼 필요가 있다. 여전히 두려움이 해소되지 않는다면 두 번째 단계로 돌아가 다시 한 번 과정을 거칠 필요가 있다.

# 제 5 장

## 자각(Realization):
## 치밀한 시도,
## 추진력의 원천

이번 장의 핵심은 참여를 통한 자각이다. 성과관리에서 목표를 올바르게 설정하는 것은 개인이나 조직에게 평가의 공정성이나 명확한 역할과 책임을 결정해주는 데 중요한 역할을 한다. 이때 구성원들의 참여는 더욱 성공적인 목표설정을 돕는다.

1960년대 미국 교육심리학자 찰스 키슬러(Charles Kiesler)가 언급한 참여이론은 참여의 정도와 행동이 긴밀하게 연결되었다고 보았다.[1] 인간은 생각만 아니라 자신의 행동으로도 참여 여부를 결정한다. 행동을 하면 그 행동에 동화되어 생각마저 바꾼다는 것이다. 즉, 결정하고 행동을 취하면 그 행동을 고수하려고 결과가 좋든 나쁘든 한 번 한 행동을 지속시키려고 노력한다. 그리고 그 행동을 합리화하기 위해 자신이 갖고 있던 믿음마저 변화시킨다. 예를 들면, 흡연이 나쁘다는 것을 알지만 일단 행동한 것을 지속시키기 위해 금연을 하지 못하는 수많은 변명과 흡연을 하더라도 오래 사는 사람의 예를 든다. 또한 기부에 인색한 사람도 자신이 자선단체에 가입하면 기부금을 잘 내는 쪽으로 선회한다는 것이다. 여기서 참여도를 높이는 요인을 고려해보면, 첫째, 자유의지로 결정한 사람이 참여도가 높다. 둘째, 결과의 중요도와 금전적, 심리적, 감정적 투자가 클수록 참여도가 높다. 셋째, 사람들 앞에서 공개적으로 유도하면 참여도가 더 높아진다. 넷째, 행동을 취소할 수 없다고 생각하면 더 참여적인 태도를 취한다. 다섯째, 행위가 반복될수록 더 책임감을 가지고 참여한다.

이와 같이 무엇인가를 하겠다고 결정하면 자신의 결정행위를 정당화하기 위해 내면의 자아가 작동하게 된다. 성과관리에서 목표를 설정할 때도 마찬가지이다. 리더는 구성원들에게 조직의 목표를 명확히 인식하도록 하고 구성원과 함께 이를 달성할 수 있는 방안을 강구하여야 한다. 대개 조직의 리더는 이러한 작업이 많은 시간을 소요한다고 생략하는 경우가 있다. 목표는 상위자가 만들고 조직원들은 목표를 위해 달리기만 한다는 생각은 구성원에게는 공감이 되지 않는다. 이렇게 되면 구성원들은 책임감이 떨어질 뿐만 아니라 보여주기 위한 형식적 활동이 만연하거나 시키는 대로 움직이는 기계적인 특성만 갖기 쉽다.

따라서 참여이론에서 언급한 것처럼 리더와 구성원들이 모두 참여하여 조직 목표의 명확한 이해를 바탕으로 경험과 해당 정보를 조사하여 바람직한 달성방안을 도출해내는 것이 필요하다. 구성원들이 공감하고 수용할 만한 달성방안을 함께 결정한다면 이는 자유의지로 선택된 것이라 이를 실행하는 데 책임감이나 참여가 더욱 강해진다. 그뿐만 아니라 자신이 결정한 달성방안이 곧 개인이 달성해야 할 목표가 되므로 이에 대한 실행력이 높아진다. 더욱이 팀 워크숍을 통해 밤새워 토론하고 아이디어를 낸 방안이라면 자신의 노력이 가미되었기 때문에 더욱더 애착이 크다. 또한 결정된 개인의 목표(조직 목표의 실행방안)를 공개적으로 발표하고 이를 리더와 합의를 한다면 더욱더 적극적인 참여를 하게 된다. 물론 이러한 목표는 주기적으로(월별, 주별) 모니터링하여 달성해야 할 방안을 강구한다면 목표에 대해 반복인식이 되어 참여도는 더욱 높아질 수 있다.

구성원들은 이렇게 조직 목표와 자기 목표 및 달성방안을 설정하는 단계부터 참여도를 높이면 실행에서도 참여도를 높일 수 있다. 이런 면에서 혁신활동 프로젝트 사례를 눈여겨볼 필요가 있다. LG전자 생활가전 사업본부는 경영성과 기여도가 큰 과제를 TDR(Tear Down Redesign; 일상 업무를 떠나 3명 이상의 상근인원으로 구성되어 사업부 과제를 3개월 이상 수행하는 혁신활동팀) 활동으로 해결한다.[2]

TDR 활동에 모인 사람들은 다양한 배경을 가진 사람들로 서로 다른 업무를 수행하는 터라 TDR 활동 이전에 산출물, 일정, 상호 기대사항 등에 대하여 충분한 대화가 필요하다. 이들은 이를 인큐베이팅(incubating)이라고 한다. 무언가 결론을 내지 않더라도 충분한 생각을 하도록 만드는 것이다. 그리고 나서 2~3일간 팀빌딩을 실시한다. 여기서 상호 팀원들 간 눈높이를 맞추고 왜 이 프로젝트를 수행해야 하는지, 무엇을 해야 하는지를 공감하게 한다. 또한 팀빌딩 진행에 도움을 주기 위해 혁신주관부서의 담당자들은 퍼실리테이터(facilitator) 역할을 수행한다. 퍼실리테이터는 TDR 구성원에게 지속적으로 "왜?"라는 화두를 던진다. 예를 들면, "이 프로젝트는 왜 하죠?", "위에서 시켜서 하는 거죠", "그럼 왜 시켰을까요?", "목표달성하기 위함이죠", "그렇다면 목표 달성하는 것이 조직에서는 어떤 의미죠?" 등으로 이끈다. 팀빌딩을 효과적으로 하려면 TDR 구성원들은 1~2주간 인큐베이팅 단계에서 충분한 고민을 한다. 그래야 팀빌딩에 들어와서 프로젝트가 추구하는 바는 무엇이고 어떻게 하면 달성할 수 있는지를 질적으로 갑론을박(甲論乙駁)할 수 있고, 이를 정리하며 각자의 생각을 일치시켜 나간다. 실제 TDR 활동이 부진한 팀 구성원들에게 몇 개월 후 그들이 생각하는 TDR 목적을 적어 내라고 하면 모두 다르게 적어 낸다. 역시 TDR 활동의 핵심 성공요인은 바로 목적이나 목표의 공감대를 만드는 것이라 할 수 있다.

또한 팀빌딩에서는 "무엇을 할 것인지"에 대해 프로젝트 성과를 그려보고 끝까지 시뮬레이션(목표작성, 과제작성, 과제해결방법 작성 등)해본다. 이는 구성원들의 눈을 상향평준화시키면서 자신감을 갖도록 한다. 이것이 끝나면 한 장의 보고서가 작성된다. 여기에는 TDR 목적, 기대효과, 성과 달성 전략, KPI(Key Performance Indicator; 핵심성과지표), 이를 달성하기 위한 아이디어, 이해관계자와의 의사소통 방법이 적혀 있다. 이것은 TDR 활동 내내 수행의 기반이 되며 공감대를 이루는 중심이 된다.

이와 같이 어떤 일을 추진하는 데 있어 왜 하는지, 무엇을 할 것인지, 어떻게 할 것인지를 분명하게 공유한다는 것은 일의 성공에 매우 중요한 역할을 한다. 따라서 자각이란 구성원들의 참여를 통하여 목표와 달성방안을 미리 실증해보면서 의견 표출, 통합, 정립 과정을 거쳐 업무추진에 필요한 자신감, 책임감을 깨닫는 것이다.

## 결과 자각

결과 자각은 구성원들이 함께 최종성과를 그려보는 일이다. 그렇다면 굳이 왜 이러한 과정을 거쳐야 할까?

인간은 자신이 가지고 있는 지식이나 믿음이 대립 혹은 양립 불가능하다고 생각될 때 불편하거나 긴장된 심리상태를 나타내는데 이를 인지부조화(cognitive dissonance)라고 한다.[3] 일반적으로 사람들은 자신의 믿음과 행동에 의문을 제기하는 고통스러운 내부갈등과 부조화를 피하기 위해서 합리화, 정당화, 외면, 자기최면 등의 방법을 동원하려고 한다. 예를 들면, 우리는 목표설정에 있어 쉽게 달성할 수 있는 목표보다 도전적인 목표를 설정하여야 한다고 말한다. 이때 인지부조화 이론과 연결해보면, 낮은 수준의 목표는 자신이 쉽게 달성할 수 있고 당연히 달성결과에 따른 보상도 따라오므로 인지부조화를 크게 느끼지 않는다. 반면, 높은 수준의 목표는 인지부조화를 강하게 느낀다. 그래서 사람들은 인지부조화를 피하기 위해서 높은 성과 달성을 위한 새로운 업무나 혁신활동을 하는 것이 필요하고 이것이 진정 자신의 믿음으로부터 나오는 것이라고 자기 설득을 한다. 따라서 정상적인 조직분위기에서는 후자의 개인들이 훨씬 더 긴장감을 갖고 동기를 유발할 수 있는 방안을 찾는다.

인지부조화 측면에서 보자면, 결과 자각이란 개념은 개인이 느끼는 인지부조화를 완화하는 방안에 해당된다. 어떤 도전적인 일일지라도 시작함에 앞서 결과를 세밀하게 그려본다면 심리적 부담을 훨씬 적게 느낀다. 그렇게 함으로써 더욱 자신감을 갖고 목표달성에 참여할 수 있다.

그렇다면 실제 성과관리 과정에서 목표를 설정할 때 기존과 다르게 추

104

가적으로 접근할 수 있는 방법을 살펴보자. 목표설정은 창의적인 작업이다. 따라서 의도적으로 미리 결과를 그려봄으로써 시도해야 할 행동이 명확해지고 추구하는 방향을 이탈하지 않는다. 즉, 이 작업을 통해 구성원들은 자신의 행동을 유발하는 추진력을 갖게 된다. 다만 각자가 이러한 생각을 하는 데 혹은 팀원들이 함께 작업을 하고 공유하는 데 시간이 든다. 그러나 분명한 것은 시간이 든 만큼 목표달성의 성공확률도 높아진다.

〈그림 5-1〉의 내용은 상위자에 의해 목표가 제시된 이후(예로, 부문의 목표를 달성하기 위해 팀의 목표가 결정된 경우)에 팀원들과 함께 작성해볼 수 있다. 저자의 생각은 〈그림 5-1〉의 내용을 팀장과 팀원이 함께 대화하고 논의하는 것이 우리가 흔히 말하는 "목표공유"라는 실질적 방식이라고 밝혀두고 싶다.

또한 〈그림 5-1〉과 같은 목표 진술이 되려면 사실 해당 목표에 대한 상당한 조사를 통한 정보나 분석결과가 있어야 한다. 그러나 〈그림 5-1〉의 내용은 이미 부문 내 리더들이나 팀 내 구성원들이 참여하여 정보수집 및 분석을 통해 과제나 목표가 결정될 것이므로 그것을 전제로 설명하고 있다.

▼ 그림 5-1  결과 자각의 접근 방식

| 목표명 |
| --- |
| • 이 목표는 왜 중요한가?(why) |
| • 무엇(누구)을 대상으로 하는가?(who/what/where) |
| • 어떤 것을 혁신하겠는가?(how) |
| • 언제까지 달성하겠하는가?(when) |
| • 얼마만큼 달성할 것인가?(how much) |
| • 이 목표를 달성하면 무엇이 좋아지는가? |

## 이 목표는 왜 중요한가?

첫째는 "이 목표는 왜 중요한가?"에 대한 기술(記述)이 필요하다.

이것은 목표의 정체성을 밝히는 것이자 달성하기 위한 실행의 타당성을 확보하는 것이다. 그래야 목표를 달성하고자 하는 활동들이 흔들리지 않고 일관성 있게 추진될 수 있으며 달성하고자 하는 활동이 타당한 근거를 바탕으로 추진되기에 자신감을 가지고 적극적으로 수행할 수 있다.

조직 전체 '가치'의 중요성에 대해 이미 제2장에서 설명하였다. 그러한 가치기반으로 경영을 해나가는 데 있어 단위조직의 목표 자체에서도 목적의식, 즉 가치를 가질 필요가 있다. 특히 왜 이 목표를 달성해야 하는지를 인식하는 것은 치밀한 활동을 계획하게 하는 창조적 원천이 될 뿐만 아니라 열정을 발휘하는 근간이 되기도 한다.

예를 들면, 목표명이 "신제품 출시에 따른 조기 시장정착으로 신제품 매출 50억 달성"이라고 하자. 그러면 왜 목표가 중요한지에 대한 대답으로 "그동안 출시한 모델인 주방용 세제 제품은 시장반응이 낮고 시장에서는 천연세제, 기능성 세제의 요구가 높다. 따라서 고객에게 더욱 다양한 천연세제 제품을 제공하여 경쟁 신제품보다 조기에 고객호응을 이끌어낸다"라고 기술하는 것이다.

## 무엇(누구)을 대상으로 하는가?

둘째로 "무엇(누구)을 대상으로 하는가?"를 분석하는 것이다. 이는 목표달성을 위한 활동에 있어 초점을 분명히 하는 작업이다. 즉, 결과를 이끌어내는 데 있어 어떤 핵심요인을 통해 이끌어내겠는지를 밝히는 것이다. 이것은 그만큼 목표달성을 위한 구체성을 가지는 것이고 그 대상의 특성을 파악하여 공략방법을 특화시켜 주는 중요한 요소이다. 또한 같이 일하는 동료들의 사고를 집중하게 해주기도 한다.

위의 사례와 연계해보면, 주 고객을 일반 주부(피부보호 및 보습 가능), 호텔 등 고급식당(과일 등 인체무해 세척)으로 두고 목표달성을 겨냥할 수 있다.

## 어떤 것을 혁신하겠는가?

셋째로는 "어떤 것을 혁신(개선)하겠는가?"를 고려하는 것이다. 이 질문은 두 번째 대상과 연계하여 '달성방법'을 적어보는 것이다. 물론 달성방법은 아이디어를 내는 것이다. 이것의 핵심은 〈그림 5-1〉을 설명함에 있어 전제를 둔 것과 같이 충분한 조사에 있다. 특히 회사의 현장에서 찾는 것이 중요하다. 왜냐면 앞서 제4장의 "공명"에서 밝혔듯이 현장에서 위기상황을 느껴야 현실적인 생각을 할 수 있고 이를 바탕으로 현장에서 답을 찾을 수 있기 때문이다. 또한 조사된 내용을 직원들과 공유하고 토론하며 서로 아이디어를 내어보는 것이 더 훌륭한 달성방법을 도출하는 방식이다.

위의 사례와 연계해보면, "주부 대상으로 시제품 체험단을 모집하고 도시별로 20명을 구성하여 입소문 마케팅을 실시한다. 고급식당은 무료체험 행사를 실시한다"라고 할 수 있다.

## 언제까지 달성하겠는가?

넷째로는 "언제까지 달성하겠는가?"를 고려하는 것이다. 이것은 목표달성을 위한 달성기한을 언급하기도 하지만 상기 실행방법의 중점적인 활동

시기를 언급할 수 있다. 예로 "체험단 및 무료체험행사 활동을 상반기 내 집중한다"라고 할 수 있다.

이처럼 시기를 조정하는 것은 외부 및 내부 환경의 상황과 나의 전체 일을 견주어봐서 이 목표를 달성하기 위해 언제 일을 추진하는 것이 가장 좋은지를 결정하는 것이기에 매우 중요한 작업이다. 전혀 예상할 수 없다면 일단 일을 시작하는 것도 좋다. 그리고 2~3개월 이후 결정해도 늦지 않다.

하지만 일을 수행하는 능력을 높이기 위해서는 무엇보다도 예측능력이 있어야 한다. 특히 기획에서는 이러한 능력이 중요하다. 이것은 경험에서 오는 것이기도 하지만 합리적으로 수행하기 위한 일의 순서나 상기 실행방법이 명확하면 그리 경험이 많지 않더라도 예측 가능하다. 따라서 자신의 업무수행 능력을 높이고 싶다면 일의 합리적인 순서나 활동의 시기를 예측해보는 작업에 매달려볼 필요가 있다.

## 얼마만큼 달성할 것인가?

다섯째로 "얼마만큼 달성할 것인가?"는 시기와 연계되어 기술할 수 있다. 예로 "상반기에 활동을 집중하여 경쟁사 대비 20% 매출을 달성한다"로 언급할 수 있다. 또한 "분기별로 얼마만큼 달성한다" 등으로 중간 목표를 언급할 수도 있다. 이것은 양적인 목표의 이미지이기도 하다. 즉, 자신이 목표를 어느 정도 달성했는지를 평가하는 기준이지만 사실 정확하게 예측하기는 참으로 어렵다. 그래서 팀의 의지로 자연히 나올 수 있는 것이기도 하다.

그 때문에 당연히 달성할 수 있는 크기에 목표치를 맞추어서는 곤란하다. 실로 자신의 의지를 불어넣어야 한다. 즉, 설정한 목표치가 달성된다면 남들이 진정 칭찬이나 인정해줄 만한 크기는 어느 정도인지를 자문해보는 것이 좋다. 우리가 목표를 달성하여 이루어낸 성과가 우리 조직(팀, 부문)에 기여될 수 있다는 생각이 들어야 한다. 또한 리더는 직원들과 함께 타인이 인정하고 조직에 기여하는 목표치를 논의를 하거나 직원 스스로 생각할 수 있게끔 기회를 주는 것도 필요하다.

## 이 목표를 달성하면 무엇이 좋아지는가?

여섯째로 "이 목표를 달성하면 무엇이 좋아지는가?"를 적는 이유는 일종의 목표달성의 의지를 더욱 극대화하는 효과를 갖는다. 그 예로 "목표가 달성되면 이번 활동경험의 축적으로 다음 신제품 마케팅 활동에 성공확률이 높아진다" 혹은 "지속적인 매출 향상의 기반이 확보된다"라고 기술할 수 있다.

여기서 한 가지 첨언할 점은 내가 이 목표를 달성하면 진실로 좋아지는 것을 표현하는 것이다. '내가 써놓은 것을 누가 보기라도 하면 그들의 마음은 어떨까?'를 염두에 두어 겸양한 자세로 적어서는 내 마음을 움직일 수 없다. 이 목표는 내가 실현해야 할, 책임져야 할 목표이다. 그래서 진정 일을 하고 난 결과가 스스로에게 미치는 기쁜 점을 찾아야 한다. 왜냐면 이것은 다시 한 번 목표달성을 향한 '열정'을 발휘하기 위해 화룡점정(畵龍點睛)을 하는 것이기 때문이다.

이와 같이 목표를 제대로 밝혀본다는 것은 가고자 하는 방향을 명확하게 정하는 것으로 분명 시간이 드는 작업이다. 하지만 우리는 아무리 열심히 하더라도 잘못된 방향으로 열정을 쏟는다면 그만큼 우를 범하는 일이 있음을 상기해볼 필요가 있다. 시간이 들지만 결국 시간을 절약하는 것임을 인식하여야 한다.

## 과정 자각

과정 자각은 구성원들이 함께 성과를 이루어낼 방안을 창조해내는 것이다.

이 단계도 결과지각과 마찬가지로 목표달성을 위해 가고자 하는 방향을 분명히 정하는 것이다. 하지만 결과 자각이 결과물의 이미지를 그렸다면 과정 자각을 어떻게 달성할 것인지에 대한 방법을 시뮬레이션해보고 깨닫는 것이다.

이에 앞서 과정 자각에서 중요하게 짚어보아야 할 점을 먼저 살펴보자.

첫째, 팀원의 입장에서 자책적인 달성방안을 선택하는 것이 중요하다. 성과에 몰입하는 방법 중에 하나는 자신이 하고 싶은 일을 하는 것도 있지만 내가 해야 할 일을 스스로 선택하고 집중하는 것이다. 실제 기업의 일상 활동에서 자신이 하고 싶은 일을 수행하는 경우는 별로 없다. 대신 수많은 해야 할 일이 제시되어 있다. 그리고 제시된 일이라도 기존과는 다르게 성과를 이끌어내고자 스스로 고민하고 수정하여 수행하는 경우는 적다. 실로 직원들은 성과를 달성하고자 참신한 방안을 도출하는 것을 어려워한다. 이렇게 어려워하는 이유는 크게 두 가지이다.

하나는 현장을 찾아 정보를 수집하고 진정한 문제에 대한 답을 찾아보는 노력의 부족이다. 그래서 아이디어가 고갈되어 있는 것이다. 대개 신입을 제외한 직원들은 자신이 수행한 일련의 업무경험 속에서 달성방안을 도출하고자 한다. 이른바 탁상공론이 이루어지기 십상이다. 진정 현장을 들여다보지 않고는 고질(高質)의 달성방안을 도출하기 어렵다. 그래서 나타나는 현상이 연초 개인별 목표계획서를 작성하라고 하면 목표에 대한 달성방안이 매년 유사하게 등장하는 경우가 그것이다.

그리고 또 다른 이유는 달성방안을 고민하다 보면 그 방안들이 모두 타인의 책임으로 이루어진 방안을 쏟아내고 있다. 저자가 워크숍에서 참가자들에게 타책(他責)에 관한 방안을 금지하고 자책(自責)으로 이루어진 방안만을 도출하라고 하면 금세 아이디어가 고갈되고 표현하기 어려워한다. 그 이유는 문제 해결책을 수립하거나 목표달성을 위한 방안을 도출하고자 할 때, 내가 책임지고 이루어내어야 한다는 사고가 결여되어 있는 탓이다. 일종의 습관화된 사고의 결과라 할 수 있다. 그래서 타인의 책임으로 이루어진 방안은 생각하기 쉽고 참신하고 반면에 효과적인 달성방안을 악착같이 고민하는 것을 어려워한다. 여러분도 자신의 한 해 동안의 목표달성 방안들을 모두 나열해놓고 자기 책임하에 실현 가능한 방안인지 객관적으로 살펴보길 바란다.

둘째, 리더의 입장에서 팀원에게 달성방안에 대한 권한위임을 하는 것이다. 앞서 제3장의 자포스 사례에서 본 것처럼, 컨택센터의 직원들이 핵심가치를 자신들의 사고와 행동에 스스로 내재화하고 고객의 행복을 위해 특별한 서비스를 제공할 수 있었던 것은 모든 활동의 권한을 담당자에게 위임해준 덕분이었다. 물론 리더가 팀을 이끄는 데는 솔선수범해야 할 일들이 많다. 실제, 문제가 있다고 판단되면 즉각 현장으로 달려나가야 한다. 또한 업무수행 중 장애물이 나타났을 때 직접 해결하기도 한다. 직원들이 수행하는 일들도 꼼꼼히 체크하고 피드백도 해주어야 한다. 하지만 일단 직원에게 실행방안을 맡겼으면 간섭하지 않아야 한다. 그렇게 하지 않아야 하는 이유는 일일이 간섭하는 리더는 항상 일에 지친다. 때로는 직원이 언제까지 해결방안을 제시해줄 수 있느냐는 질문에 몇 가지 산적한 일 때문에 며칠까지 답을 주겠노라고 한다. 참으로 리더가 일하고 직원들이 보고를 받는 꼴이 발생된다. 성과를 향해 열정적으로 일을 솔선수범하는 것과 일일이 간섭하고 관여하는 것과는 분명 다르다. 물론 위임하는 방법은 고려되어야 한다. 중요한 것은 위임할 일을 신중히 선택하고 그에 맞는 직원을 선택해야 한다. 위임해야 할 일은 리더가 수행하는 시간이 지나치게 많이 걸리거나 직원이 하면 더 효과적으로 할 수 있는 것으로 차후 점검할 필요가 없는 것들이다. 또한 위임받을 직원의 업무량을 고려하며 수용력이 있는지 다른 동료들은 어떻게 받아들이는지를 고려하여야 한다. 그리고 여러 사람에게 위임사항을 공유하고 위임자에게 할 수 있다는 자신감을 심어주며 간섭보다는 코칭을 해주는 것이 필요하다.

과정 자각을 위해 다음 〈그림 5-2〉에 주요 요인을 제시해놓았다. 그림은 목표달성을 위한 방향을 분명히 확정하기 위해 각 요인을 순서 있게 제시한 것이다. 여기서 결과에 집중하기는 "결과 자각"이다. 결국 도달방법 분석하기, 차별화하기, 실행 보완하기를 통하여 과정 자각을 하고 원하는 경우 "목표에 집중하기"를 재점검해 보는 것이 좋다. 또한 〈그림 5-2〉는 팀원들이 연초 해당목표의 달성방안을 수립하기 위하여 예상 장애요인이나 핵심 성공요인을 도출하고 이를 확정하는 일반적인 성과관리에서의 절차보다 자신의 책임으로 자신의 입장에서 그 달성방안을 치밀하게 수립하는 데 더 큰 도움을 줄 수 있다.

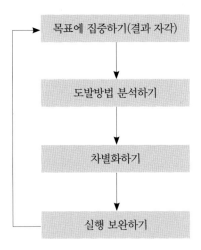

## 도달방법 분석하기

먼저 목표에 집중하기, 즉 결과 자각에 이어 "도달방법 분석하기"를 살펴보자. 이는 결과 자각에서 결과물의 이미지를 그려본 것을 기반으로 한 분석방법이다. 여기에는 두 가지 분석방법이 있다.

하나는 "최소한 갖추지 않으면 안 되는 요소"에 대한 달성방안이다. 이것은 현실적인 상황을 고려해보았을 때 반드시 해야 할 것을 말한다. 우리는 앞서 결과 자각에서, "주부는 시제품 체험단을 도시별로 20명 구성하여 입소문 마케팅을 실시하고, 고급식당은 무료체험행사를 실시한다"는 방안을 그려보았다. 이때 "최소한 갖추지 않으면 안 되는 요소"의 예를 들어보면, "입소문을 내기 위하여 기존 유명한 동호회나 블로그를 확보한다"가될 수 있겠다. 나아가 그 달성방안으로는 "입소문을 낼 수 있는 인물들을 대상으로 대면홍보를 실시한다"라고 구체적으로 기술할 수 있다.

또 다른 하나는 "최대한 효과를 발휘할 수 있는 요소"에 대한 달성방안이다. 이것은 굉장히 어렵게 느낄 수 있지만 가장 큰 효과를 보는 것은 무엇인지를 끈질기게 생각한다면 충분히 접근 가능하다. 상기 예를 연계해보면, "SNS를 통해 쉽게 효과를 전파할 수 있는 인물을 체험단에 포함한다"라고 할 수 있다. 여기에 "주부체험단에 영향력 있는 특정인물을 포함시킨다"라고 덧붙일 수 있다.

## 차별화하기

둘째로는 차별화하기이다. 여기서도 몇 가지 방법이 동원된다.

먼저 "타인(경쟁자)의 행동 파악에서 차별을 도출"하는 것이다. 이것을 위해서는 벤치마킹이 필요하다. 예를 들어, 김치냉장고의 원조 격인 딤채는 무료 사용자 수를 초기 20명, 50명, 200명으로 늘리면서 2천 대, 2만5천 대, 8만 대로 성장한 것을 짚어낼 수 있다. 즉, 무료체험을 체계적으로 확대하는 전략을 세울 수 있다.

또 다른 하나는 "나의 장점으로 구현하는 방법"이다. 약점을 극복하기보다 장점을 최대한 발휘하는 것이 전략의 기본이다. 상기 사례와 연계해보면, 주부체험단을 활용할 수 있는 것이 장점이므로 "주부 체험단의 무료사용 확대, 즉 일정기간 내 체험단 가입을 확대할 수 있는 행사를 실시한다"라고 할 수 있다.

기타 고려해볼 수도 있는 방법은 "다른 사람, 다른 곳의 역량을 차입하는 방법"도 있을 수 있다.

## 실행 보완하기

셋째는 실행 보완하기이다. 지금까지 달성방안을 도출하였으나 막상 실행하는 데 있어 자신이 갖는 두려움이나 주저함의 원인을 파악해보는 것이다. 이러한 개념은 이미 제4장의 "공명"에서 살펴보았다. 실로 두려움이나 주저함의 원인은 자신의 외부에 있기도 하고 내부에 존재할 수도 있다. 외부요인으로는 자원의 지원도 포함될 수 있다.

역시 상기 사례와 연결해보면, "주부 체험단의 특정인물을 섭외하는 데 있어 금전적 지원이 부족하다. 이러한 애로점을 안고 섭외할 때 설득에 필요한 점은 환경 친화적 제품 사용, 제품 판매이익의 사회 환원 등의 사명감을 제시한다"로 수립할 수 있다.

이 같은 달성방안을 도출하는 것은 책임 있는 실행을 위해 자신의 사고를 체계적으로 작동해보는 것이 목적이다. 위 방식으로 도출해보고 다시 '결과 자각'에서 그려본 목표를 살펴보아야 한다. 즉, 과연 목표달성을 위해 도출한 달성방안이 효과적인가를 자문해보는 것이다. 만약 무언가 부족하다고 생각된다면, 지금까지 설명한 단계를 되돌려볼 필요가 있다.

한 가지 첨언할 것은 본 장에서 언급한 프로세스는 목표설정 단계만 적용하는 것이 아니라는 점이다. 주기적인 목표달성 점검에서도 적용된다. 목표달성 점검에서 자문해보는 기본적인 질문은 "왜 목표가 달성되지 못했는가? 무엇이 잘못되었는가? 어떻게 하면 되는가?"이다. 그야말로 "왜?, 무엇?, 어떻게?"란 질문은 일의 타당성을 확보해주며 일의 성공을 이끌어주는 중요한 질문이다. 이때 본 장에서 언급한 프로세스는 이러한 질문의 세부적인 접근을 도와주는 중요한 역할을 한다.

# 제 6 장
# 관계 조성(Rapport):
# 행복한 헌신,
# 공동의 이익

우리는 때때로 "내가 정말 좋아하는 일이라면 돈을 받지 않더라도 계속 일하고 싶다"라는 말을 듣는다. 아니 "돈이 적더라도 마음에 드는 일은 계속하고 싶다"라고 해도 좋다. 하지만 이것은 우리가 진정 원하는 바가 아니다. 사실 "이 일은 정말 마음에 듭니다. 이 일을 통해 진정 돈을 많이 벌고 싶어요"라고 해야 더 지혜로운 말이다.[1]

이처럼 기업의 경영활동에서 마냥 인간관계가 좋아야지 성과가 향상된다는 것은 미흡한 말이다. 그 대신 회사의 최종목표를 초점으로 관계형성이 되어야 한다는 것이 더 지혜로운 말이다.

여기서 회사의 목표란 기업의 특성마다 다르겠지만 일단 수익을 내야 한다. 그리고 신규고객을 창출하고 신제품도 출시해야 하며, 기존고객도 유지해야 한다. 물론 원가절감을 포함해서 말이다.

이렇게 관계 조성은 조직의 목표달성에 초점을 둔 상황에서 사람들의 관계를 의미한다. 이 의미를 더 자세히 이해하기 위해 조직 내부를 들여다 보자.

우리는 흔히 같은 무리끼리 따르고 모인다는 의미로 유유상종(類類相從)이란 말을 쓴다. 저자는 어느 조직을 방문하더라도 그 조직 특유의 조직 분위기를 느낄 때가 있다. 특히 전반적으로 일하는 능력이 높은 곳과 낮은 곳으로 구분해볼 수 있다. 그래서 저자는 그 차이가 왜 나는지 관찰해 보았다. 관찰 결과 조직 내 리더의 능력이 그것을 대변해주고 있었다. 물론 능력이 뛰어난 한두 명의 리더가 존재하더라도 전반적으로 리더가 일하는 태도를 갖추고 있지 않을 경우 조직능력은 낮았다. 그 이유는 조직 전반적으로 구성원들이 일하는 수준을 어디까지 용인하는가에 대한 기준에 달려 있었다. 다음과 같은 조직이 있다고 상상해보자.

리더는 보고만 받고 일을 적극적으로 점검하고 피드백하지 않는다. 어떤 일의 성공을 위해 머리를 써서 구체적 방안을 도출하는 데 적극적이지 않다. 진짜 해야 할 일에 시간투자를 꺼리고 다른 기준에 얽매여 그것과 싸운다. 서로 간에 지켜야 할 약속을 잘 어기고 서로 책임부족이란 말을 한다. 정말 자신이 이루어내어야 할 성과에 관심부족이다. 일반적으로 생각할 때 저성과 자의 전형을 갖췄다고 할 수 있다. 그러나 조직에서 그러한 리더가 여전히 직책자로 건재하다. 한편 직원들은 이러한 리더를 보고 자기들끼리 비판도 하지만 은연중에 모방을 한다. 이런 직원들이 직책자가 되면 그동안 일하는 패턴을 그대로 물려받는다. 그리고 그러한 조직의 직원들은 일상에서 형식적이고 보여주기식 일처리를 전면에 내세우고 있다. 문제는 이러한 업무태도가 조직적으로 용인이 된다는 데 문제가 있다.

실제 이러한 조직의 기업문화에서는 정확하고 공정한 인사평가 기준이 등장할 수 없다. 이러한 공정한 인사평가 기준은 자신의 치부를 드러내는 것이기에 제도적 기준을 만들기 꺼린다. 이런 조직에서는 인사평가 기준을 새롭게 정립한다는 것 자체가 조직을 혁신하는 것으로 받아들인다. 정확하고 냉철한 평가와 그에 따른 피드백이 없는 이러한 조직에서는 결국 능력이 낮은 사람끼리 결집하게 된다. 특히 우리의 자아상은 비슷한 사람끼리 어울리고 그러한 선택이 비록 잘못된 것이라도 합리화하려는 경향이 있다.[2] 그리고 이러한 관계 조성은 그 조직의 조직문화가 된다. 만약 새로운 리더가 조직문화를 혁신하기 위해 조처를 취한다면 저항의 원천이 될 수밖에 없다.

이런 상황과 상반되게 회사목표에 초점을 둔 사람들끼리 목표달성을 위한 활동 과정에서 중간성과를 공유하고 개선 방안을 논의하며 새로운 기회를 창출하거나 경쟁자를 타파하는 방안을 서로 고민하면서 일사불란하게 움직일 수 없을까? 어떤 이는 조직의 목표달성을 위해 이렇게 빡빡하고 바쁘게 살아가는 모습을 두고 사람답게 사는 것이 아니라고 말하곤 한다. 하지만 진정한 비극은 불분명한 목표에, 서로 간의 비정상적으로 용인된 기준에 대충 맞추어가는 사람들이 살아가는 모습이다.

앞서도 언급했지만 우리가 직장에서 진정 사람들과 재미있고 뿌듯하게 느끼는 것은 목표달성에 초점을 둔 상호관계가 형성된 것이다. 왜냐면 직장은 조직의 공동목표를 달성하고자 사람들이 모여 일하는 곳으로 가장 기본적인 가치가 구성원들이 협력하여 목표를 달성하는 것이기 때문이다. 이것이 제대로 이루어지지 않는 상황에서 개인들은 자신의 즐거움을 직장이 아닌 가정에서 찾으려 한다. 그래서 직장은 마냥 전쟁터로 느끼고 피곤하고 힘들게만 인식되는 것이다. 이러한 구성원들은 대개 비난을 받지 않기 위한 방어책을 만드는 데 열중하며 조직의 공동 이익보다 개인 이익의 확보에 힘쓰는 경우가 많다.

그렇지 않고 전체의 성과를 위해 서로 협력하며 더 큰 이익을 만들어서 자신도 혜택을 볼 수 있다고 생각된다면 그야말로 공동의 즐거움을 추구하는 활기찬 조직이 될 수 있다. 필요에 따라서는 별도로 자신의 시간이나 노력을 투입하는 희생을 치르더라도 공동의 즐거움의 크기가 더 크게 생각된다면 얼마든지 자신의 희생은 감수할 수 있다.


## 기반 조성

기반 조성은 상호관계에서 긍정적 인식을 일깨워주는 신뢰형성을 말한다. 조직 내부적으로 신뢰란 구성원 간 서로 믿고 의지하는 것을 말한다. 물론 상호관계에서의 대상을 보면 경영자(회사)와 직원, 상하와 직원, 동료 간의 믿음을 의미한다. 조직구성원들이 조직에 대한 일체감을 갖고 어떤 과제에 대해 자율적으로 참여하여 조직의 공동목표를 달성하고자 할 때, 자신의 과업을 충실히 수행할 수 있는 태도가 필요한데 이는 신뢰로부터 나온다.[3] 즉, 신뢰가 형성되면 자신의 일에 애착을 갖고 스스로 통제하고 관리하려는 태도가 강화된다는 것이다. 이 뿐만 아니다. 신뢰 분위기에서는 비즈니스에서 창의성을 발휘하고 동기부여를 받으며 높은 생산성을 유지하면서 팀을 위해 헌신하려 한다.[4] 반대로 신뢰가 없는 조직에서 직원들은 진정한 일을 하지 않고 자리보전만 한다. 조직이 만들어놓은 일의 기준만 지키지 그 이상 방법을 동원하여 성과를 내지 않는다. 신뢰가 없는 분위기에서는 자신의 과도한 행동이 칭찬은커녕 오히려 오해의 소지를 낳는다고 생각한다.

이렇게 신뢰는 경영관리에서 매우 중요하다. 더구나 리더는 신뢰와 통제의 딜레마에서 균형을 맞추어야 한다. 신뢰를 한다는 것은 직원에게 일을 맡기는 것이고 어떤 일의 실수를 허용한다는 의미이다. 하지만 리더만 직원의 실수를 허용하지 리더의 상위자가 허용하지 않을 수 있다. 그래서 조직 내부에서는 통제의 수준이 결정된다. 그러나 분명한 것은 성과가 높은 조직이 신뢰가 높고 통제가 적으며, 직원들은 자신이 더 많은 자율권을 갖고 있다고 생각한다.[5]

그래서 저자는 신뢰형성에 대한 현실적인 모습을 파악하고자 50여 명의 지인(직장인)을 통해 "상대가 신뢰 있는 사람이라고 느낄 때는 언제인가?"에 대한 질문을 하고 응답을 받아 보았다. 그리고 정리한 결과는 다음 〈표 6-1〉에 제시해놓았다. 응답자들은 나이도 직급도 개인적 성향도 다양하게 분포되어 있다.

비록 간단한 조사이지만 그들 응답의 한결같은 공통점은 "상대(집단이나 개인)를 이해하려고 하고 존중하는 마음을 가진 자에게 신뢰를 느낀다"라는 점이다. 그리고 어떤 큰 사안에서 신뢰를 느끼는 것도 있지만 사소한 일상에서 신뢰를 느끼는 사례가 많았다. 즉, 사안의 경중과 관계없이 사람들이 느끼는 신뢰는 유사하며 또한 중요하게 생각한다는 것이다. 그리고 복수의 응답을 〈표 6-1〉에 구분하여 정리해놓았지만 상당히 비슷한 응답들을 내놓았다. 결국 사회 속에서의 사람들이 생각하는 신뢰는 크게 다르지 않다는 것을 알 수 있다. 즉, 공통적으로 생각하는 점이 많다는 것은 그만큼 신뢰라는 주제가 조직 속에서 이슈이자 회자(膾炙)가 되고 있고 인간관계에서 중요한 역할을 한다는 의미이다.

본 설문에서 살펴본 결과, 관계 조성에서의 신뢰를 형성하는 데 몇 가지 기본적인 원칙이 있다는 것을 알 수 있었다. 팀을 이끄는 리더나 팀원들은 이러한 원칙을 이해하고 간직한 채, 함께 일한다면 진정한 신뢰형성을 이룰 수 있을 것이다. 그 원칙을 살펴보자.

▼ 표 6-1 직장인들이 느끼는 신뢰의 사례

| 구 분 | 상대가 신뢰 있다고 느낄 때 |
|---|---|
| 전체이익 | • 공동의 이익을 위해 먼저 솔선함.<br>• 타인을 이롭게 하면서 자신도 유익하게 함. |
| 공동체 의식 | • 힘든 일을 함께하고 함께 헤쳐 나감.<br>• 불만이나 갈등이 있을지라도 전체를 위해 의견을 따름. |
| 책임감 | • 자신이 한 말에 책임을 지고 일관적으로 행동 |
| 성과공유 | • 혼자서 이익을 취하지 않고 공동의 이익으로 분배<br>• 타인이 잘되었을 때 시기하지 않고 진심으로 기뻐해줌. |
| 배려 | • 누가 도움이 필요한지를 살펴서 지원<br>• 자신의 이익을 희생하면서 상대 입장을 이해<br>• 다소 부족하더라도 인정해주고 기다려줌. |
| 포용 | • 어려운 상황이나 남들이 꺼리는 것을 적극적으로 도움.<br>• 부족한 면을 흠 잡는 대신 감싸줄 때<br>• 서로의 입장을 이해하여 더 나은 결론을 이끎. |
| 개방 | • 내가 치부나 약점을 숨김없이 털어놓아도 무방함. |
| 투명 | • 숨김없이 정보를 공유 |
| 규율준수 | • 자신이 한 말을 지키고 실천함.<br>• 약속을 반드시 지키고 비밀을 지킴. |
| 일관성 | • 상황이 바뀌거나 시간이 지나도 동일한 말을 하거나 변함없이 긍정적인 행동을 유지 |
| 전문성 | • 자신이 부족한 부분을 상대가 수행 |
| 합리적 판단 | • 편견 없이 합리적으로 판단하여 결정<br>• 현상보다는 원인이나 원리를 일깨워줌. |
| 자기 변화 | • 타인이 바람직한 방향으로 조언할 때 스스로 변화<br>• 자신의 가치추구를 위해 자신을 꾸준히 관리함.<br>• 어려움이 있어도 자기 가치를 위해 꾸준히 노력함. |

첫째, 구성원들은 전체성과를 높이기 위한 진심 어린 노력을 해야 한다. 전체성과를 높이려면 조직의 이익이 개인까지 연결될 수 있다는 점이 인식되어야 한다. 따라서 조직은 구성원들에게 전체의 이익이 더 높아지는 것이 개인들에게 더 큰 이익으로 돌아온다는 믿음을 심어주어야 한다. 평가에 따른 공정한 보상이 그러한 예이다. 물론 팀 내에서 한 개인이 전체성과를 높이기 위한 생각으로 업무에 임하면, 이에 팀 구성원 전체도 공감을

이루게 되고 전체적인 몰입을 이루어낼 수 있다. 이때의 몰입의 의미는 전체성과의 질을 높이기 위해 서로 무엇을 해야 하는지를 고민하는 것이다. 〈표 6-1〉의 구분에서 보면 "전체이익", "공동체 의식", "책임감"이 이에 해당된다.

둘째, 팀 내에서 다 같이 목표달성을 위해 노력하였다면, 각자가 협력한 만큼 각자의 기여도가 인정되어야 한다. 이때 누가 더 많이 기여하였는가보다 누가 무엇을 기여하였는지를 인정하는 것이 중요하다. 더 많이 기여한 것을 따지자면 갈등의 소지가 된다. 팀 활동은 각자의 역할이 있고 그 역할을 다했는가가 중요하다. 이렇듯 각자의 노력에 대한 인정이 되지 않고는 단기적으로는 협력할 수 있어도 지속적인 협력을 얻어낼 수는 없다. 특히 리더가 직원의 아이디어나 노력을 낚아채는 것은 정말 신뢰형성과 반대되는 추악한 짓이다. 또한 자기 혼자 성과를 얻으려고 하는 자는 동료로부터 경쟁의 대상이 된다. 동료들은 이러한 자를 협력적인 파트너로서 받아들이지 않는다. 이러면 팀 분위기는 협력과 반대되는 쪽으로 흐르게 된다. 이러한 분위기에서 리더가 만약 도전적인 일을 제안하면 서로가 눈치를 보며 나서지 않게 된다. 옛 선비들은 자신을 알아주는 자에게 목을 내놓는다고 했다. 특히 당신이 리더라면 직원의 기여를 세심하게 살피고 인정하여 전체성과를 더 높이는 선순환 구조를 만들도록 하여야 한다. 〈표 6-1〉의 구분에서 보면 "성과공유"가 이에 해당된다.

셋째, 타인의 입장에서 배려하는 분위기가 필요하다. 즉, 타인이 무엇을 중요하게 생각하는지를 살피고 베푸는 것이다. 때로는 이러한 배려에는 희생이 뒤따른다. 하지만 전체의 이익을 위해서라도 타인에 대한 베풂은 조직 내 긍정적 바이러스를 전파하는 것과 같다. 만약 어떤 개인이 전파하는 긍정적 바이러스를 모두가 인정한다면 그 사람과 경쟁하기보다 협력하려고 노력할 것이고 그 사람을 존경하게 된다. 또한 동료들은 무엇보다도 그 사람과 함께 일하는 것에 대해 심리적 안정감을 갖게 된다. 그래서 비록 추진하려는 일이 실패로 끝날지언정 같이 도전해보고 싶어 한다. 〈표 6-1〉의 구분에서 보면 "배려", "포용", "개방", "투명"이 이에 해당된다.

넷째, 강한 신념이 수반될 필요가 있다. 이는 어떤 상황에서도 약속을 지키고, 자신이 한 말이 옳다고 생각되면 일관성 있게 행동해나가는 강력한 모습을 말한다. 이 의미는 타인에게 영향을 미치려는 강한 욕망을 가진 카리스마 있는 사람에게만 해당되는 것이 아니다. 합의된 목표를 달성하고자 끈기 있게 근성을 발휘하는 일반 구성원들에게도 해당되는 말이다. 〈표 6-1〉의 구분에서 보면 "규율준수", "일관성"이 이에 해당된다.

다섯째, 지속적으로 변화에 대응하기 위한 자신의 역량을 키워야 한다. 이 역량은 기본적으로 어려운 과제에 대해 나서서 해결해내는 능력이 될 수도 있고, 자신이 굳이 나서지 않더라도 동료들이 해낼 수 있도록 깨닫게 해주는 능력일 수도 있다. 이와 같은 능력은 자신이 추구하는 가치를 거울 삼아 그것을 추구하는 데 있어 자신의 역량을 가다듬고 키워내면서 발전시킬 수 있다. 그야말로 사람들은 이렇게 역량을 발전시켜 나가는 자에게 신뢰를 보낸다. 〈표 6-1〉의 구분에서 보면 "합리적 판단", "자기 변화"가 이에 해당된다.

이와 같이 공동의 목표를 달성하는 팀에서 신뢰형성의 중요성을 언급하는 것은 두말할 나위도 없다. 그래서 성과를 관리하는 전반적인 프로세스에서 팀 단위이든 개인 차원에서 〈그림 6-1〉과 같은 요인들을 생각을 해볼 필요가 있다. 이 작업은 프로젝트 팀장이나 직제조직의 팀장이 팀원들과 함께 신뢰 분위기를 조성하기 위한 조처로써 개인의 생각을 함께 논의하고 공유한다면 공동의 목표를 달성하는 데 매우 도움이 될 수 있다.

실제 아래 사항은 우리가 신뢰를 보내는 사람을 자세히 관찰했을 때 그들이 자연스럽게 하는 행동일 수 있다. 하지만 신뢰형성을 위해 구성원들은 시간을 내어 아래 질문에 대한 대답을 글로 적어보면서 자신을 관찰할 필요가 있다. 글로 적는다는 것은 생각을 구체적으로 표현하는 것이므로 실천에 옮기는 데 그지없이 좋은 방법이다.

▼ 그림 6-1 기반 조성을 위한 접근방식

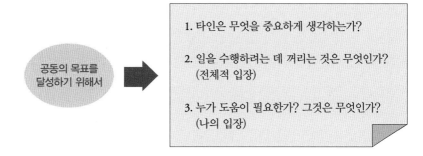

## 타인은 무엇을 중요하게 생각하는가?

이 질문은 "타인의 바람"을 확인하는 것이다. 사람들이 협력하여 일을 수행해나가는 데 있어 사고(思考)의 틀을 상대에게 두자는 것이다.

우리는 때때로 자신을 과대평가하고 상대를 과소평가하는 경향이 있다. 그것은 우리가 생존을 위해서 자신을 크게 인식하고 상대를 적게 인식하여 상대와 대적할 때 자신감을 키우려는 우리의 DNA 속에 축적된 인식인지도 모른다. 하지만 이러한 인식은 사람들 간의 상호작용에서 자기중심적으로 이끈다. 그래서 선인들은 겸손을 미덕으로 삼았을 것이다. 실제로 사람들은 목표달성을 위한 업무수행에서 자기중심으로 이끌려는 경향이 강하다. 만약 타인이 자신의 의견이나 제안에 대해 반대를 하거나 수정을 요청하면 매우 분개하는 것을 볼 수 있는데 그것이 예이다. 따라서 협력을 이끌어내기 위해서는 내가 먼저 마음을 열어야 한다. 마음을 연다는 것은 상대가 최소한 나에게 보복이나 나쁜 영향을 끼치지 않을 것으로 생각하는 것이다. 그러기 위해서는 물론 상대와 접촉 빈도를 높여야 한다. 즉, 개방적인 분위기가 이루어지려면 시간이 걸린다는 의미이다.

그러는 동안 여러분은 목표를 달성하기 위해서 함께 일을 수행하는 파트너 혹은 동료가 중요하게 생각하는 것이 무엇인지를 확인할 필요가 있다. 왜냐하면 자신이 타인과 협력해서 일할 때 내 입장에서 중요하다고 생각한 것을 협업에서 중요하다고 고집할 수 있기 때문이다. 실제로 상대가 원하고 중요하다고 생각하는 것은 아주 다른 것임에도 불구하고 말이다. 예를 들어 내 입장에서 목표달성을 위해 성실하게 해결책을 파고들어 생각을 깊이 하는 사고력이 중요하다고 생각할 수 있으나 상대는 현장에 나가 직접 부딪혀보는 행동력이 중요하다고 생각할 수 있다.

협력해서 일한다는 것은 각자의 다양한 능력을 극대화시켜 나가는 것이다. 그리고 각각의 다른 능력을 최대한 발휘하도록 하면서 이들을 통합하여 목표달성을 위한 흐름으로 이끄는 것이 중요하다. 그렇기 때문에 타인의 입장에 서서 그들의 바람을 읽고 합리적인 판단을 내려 통합해내는 것이 함께 일하는 팀에서 상호신뢰를 형성하는 중요한 조치라 하겠다.

## 일을 수행하려는 데 꺼리는 것은 무엇인가?

신뢰를 형성하는 데는, 앞서 살펴본 타인의 입장에서 서서 생각하는 측면도 있지만 전체를 생각하는 차원에서 접근할 필요가 있다. 그것은 공동의 목표를 달성하는 데 있어 모두 꺼리는 일을 자발적으로 처리한다는 의미이다. 예를 들어, 어떤 분석을 위해 여러 출처를 찾아 정보를 조사하는 일, 데이터를 집결하여 분석의 토대를 만드는 일, 동료의 보고서에 오타나 문장을 매끄럽게 잡는 일, 신입 혹은 신임사원을 세심하게 면담하고 가르치는 일, 일일이 관련 부서를 찾아가서 협력을 구하는 일 등등을 들 수 있겠다. 얼른 보기에 이러한 일은 뒤치다꺼리라고 생각할 수 있다. 하지만 이것은 전체의 이익을 위해 나 자신의 시간이나 노력을 타인에게 배려하는 행동이다. 또한 전체의 이익을 높이기 위해 그저 최선을 다하는 행동이라고 볼 수 있다. 그리고 자세히 들여다보면 남들이 능력이 부족하여 못하는 일들을 조처하는 일들도 포함되어 있다.

사람들은 이런 일을 아무 거리낌 없이 도맡아 하는 자에게 신뢰를 보낸다. 어쩌면 존경을 보낼 수 있다. 이러한 행동이 그 무엇보다도 좋은 점은 같이 일하는 동료가 이러한 자와 함께 일하고 싶어 한다는 것이다. 왜냐면 꺼리는 일을 대신 도맡아 하면 자신이 편해서가 아니라 심리적으로 그와 함께 일할 때 진정한 파트너로 안정감을 느끼기 때문이다.

또한 팀 내에서 이러한 사람이 있다면 동료들 간에 귀감이 되고, 이러한 행동이 지속될 경우 동료들은 그를 인정하면서 결국 팀의 문화로 귀착된다. 어떤 이는 자신이 어려울 때 도움을 받았기에 빚을 졌다고 생각할 수 있고, 어떤 이는 괜찮은 행동이므로 은근슬쩍 따라 할 수 있다. 이렇게 누구나 꺼리는 일을 서슴지 않고 자발적으로 수행한다는 것이 모두 좋다고 인식된다면 팀워크를 발휘하는 데 그야말로 금상첨화(錦上添花)라 하겠다.

## 누가 도움이 필요한가? 그것은 무엇인가?

지금까지 신뢰형성을 위해 타인의 입장에 서서 생각하고 전체를 위해 자발적으로 행동하는 점을 짚어보았다. 이제 자신의 입장에서 나와 직접적으로 업무와 관계되는 사람을 살펴볼 차례이다.

공동의 목표를 달성하는 데 있어 협업을 하거나 역할을 분담해서 일할 때 상대가 말하지 않더라도 분명 누가 무슨 도움이 필요한지를 알 수 있다. 나도 바쁜데 뭐 군이 신경 쓸 일이냐고 하겠지만 내가 도와줄 수 있으면 적극적으로 나설 필요가 있다. 왜냐면 내가 돕는 동기는 상대의 존중에도 있지만, 전체가 잘되고자 하는 생각에서 비롯된 의로운 행동이므로 동료로부터 인정을 받는다. 또한 이것은 바로 내가 보이지 않는 권한을 갖는 것이기도 하다.

만약 당신이 공동의 목표를 달성하기 위한 전체 일의 흐름에서 동료가 어려워하는 점을 파악하여 돕는다면 받는 사람은 당연히 당신을 신뢰하게 되고 당신이 추진하자는 제안에도 거리낌 없이 찬성하게 된다. 또한 당신이 추진하는 일을 재량껏 펼치더라도 의구심보다 긍정적 반응을 보낸다. 만약 실수나 실패가 있더라도 당신을 비난하기보다 격려가 이어진다. 당신이 만약 동료로부터 이 정도로 인정을 받는다면 분명 어떠한 협력이라도 이끌어낼 수 있다. 그야말로 진정한 권한을 행사할 수 있는 것이다.

따라서 누가 무슨 도움이 필요한가를 먼저 살펴보고 도와주는 것이 필요하다. 만약 직접적인 도움을 주지 못한다면 대화를 통해 조언을 해주는 것도 한 가지 방법이다. 대화 과정에서 필요한 정보도 교류하고 서로에게 기여할 수 있는 것을 논의할 수 있기 때문이다.

## 유지 조성

유지 조성은 상호관계에서 타인의 성공을 위해 노력하는 이타주의적 행동을 말한다.

저자는 대학원 수업에서 협력, 자발(自發), 도움과 같은 말을 포함하는 친사회적 행동(prosocial behavior) 중 이타주의(altruism)에 대하여 토론한 적이 있다. 친사회적 행동은 이타주의를 포함하여 타인에게 이익이 되는 사회적으로 정의된 넓은 범주의 행동을 말한다.[6] 그 당시 이타주의에 대한 토론을 할 때 쟁점사항은 과연 진정한 이타주의가 있느냐는 것이었다. 즉, 아무 조건 없이 남을 도우려는 행위가 가능한가에 대한 찬반토론이 진행되었다. 그 토의에서 이기주의적인 행동과 이타주의적인 행동을 구분하는 기준은 호혜적인지를 인식하는 것에 동의했고, 진정한 이타주의 행동은 자신을 사랑하면서 타인을 돕는 행동이라고 결론을 내렸다.

이러한 점을 잘 설명해주는 책이 있다. 애덤 그랜트(Adam M. Grant)가 지은 『기브 앤 테이크(giver and take)』가 그것이다.[7] 그는 상호관계에서 상대방에 중점을 두고 자기가 상대를 위해 해줄 수 있는 것을 살피고 자기가 받은 것보다 더 많은 것을 주려는 자를 기버(giver)라고 했고, 자신에게 중점을 두고 다른 사람이 자기에게 무엇을 줄 수 있는지에 가늠하는 성향인 자를 테이커(taker)라고 했다. 또한 대부분의 사람이 속해 있는 매처(matcher)는 손해와 이익이 균형을 이루도록 애쓰는, 즉 받는 만큼 되돌려 준다는 원리를 믿고 있는 자이다.

그런데 그는 기버를 실패하는 기버와 성공하는 기버로 구분하고 있다. 그 기준은 타인의 이익에 관한 관심은 공통적으로 높은데, 자신의 이익에 대한 관심이 다르다는 것이다. 전자는 무작정 베푸는 성향으로 자신의 이익에는 관심이 낮은 반면, 후자는 자신의 이익과 타인의 이익을 독립적으로 생각할 수 있고 동시에 두 가지 모두를 가진 사람이다. 즉, 받는 것보다 더 많이 주되 자신의 이익을 잊지 않으며 누구에게 무엇을 어떻게 베풀 것인지를 선택함으로써 기버의 본래 특성을 간직하고 이타적인 행동을 통해 기쁨을 얻는다.

또한 그는 전자와 같이 지나친 헌신이나 그저 베풀기만 하는 헌신은 자신의 에너지를 소진하게 되어 일의 양질이 급격히 떨어질 뿐만 아니라 실패의 늪으로 빠진다고 했다. 하지만 후자는 자신의 헌신이 자신에게 되돌아오는 것을 느낄 때 에너지의 소진 없이 지속 가능하게 일을 수행한다는 사례를 제시하였다. 이는 앞서 대학원 수업에서 우리들이 내린 결론과 일맥상통한다. 즉, 이타주의는 맹목적이어서는 안 된다. 자신도 기쁨과 즐거움을 가질 수 있어야 한다. 그래야 지속적인 관계 유지가 되는 것이다.

조직도 이러한 이타주의를 기반으로 협력시스템을 갖추어야 한다. 이러한 측면에서 요카이 벤클러(Yochai Benkler)는 하버드 비즈니스 리뷰에서 인간은 본래 이기적이라는 고정관념을 깨뜨려야 하는 증거들을 제시하고 있다.[8] 대표적인 것이 위키피디아(Wikipedia)이다. 수천 달러에 달하고 32권 세트로 육중하게 구성된 브리태니커(Britannica) 백과사전은 마이크로소프트(MS)가 1999년에 MS 소프트웨어의 결합상품으로 저렴하게 내놓은 백과사전 엔카르타(Encarta) 사업을 접어야만 했다. 그러나 실제로 나자빠진 것은 아무런 대가 없이 정보를 공개하는, 매달 3억 명 이상의 방문자 수를 기록하는 위키피디아의 등장이었다. 그리고 2009년 MS도 엔카르타 판매를 중지하였다.

요카이 벤클러가 언급했듯이 그동안 인간은 이기적이라는 전제로 사회, 정치, 경제 등에 걸쳐 이기심을 통제하는 개념을 적용해왔다. 우리들 조직에서도 마찬가지다. 구성원들의 이기심을 통제하려고 더 열심히 일하게끔 하려는 장치로 성과급제를 도입하였다면 이는 같은 의미이다. 또한 조직에서는 구성원들의 협력을 원하지만 협력이 자신에게는 손해라고 인식한다면, 이는 재빨리 바꾸어야 할 일이다. 이러한 조직에서는 이타적인 행위를 하는 사람들을 다른 이익을 챙기려고 하는 것은 아닌지 의심의 눈으로 보게 된다. 이들이 조직에서 설 자리는 점점 없어진다. 실로 인간의 본성은 이기적인 면만 있는 것이 아니라 이타적인 면이 훨씬 많다는 것을 깨달아야 한다. 성과관리를 수행하는 과정에서도 실제 인간에게 있는 이러한 장점을 부각하고 단점은 내려놓을 필요가 있다.

▼ 그림 6-2 유지 조성의 방식

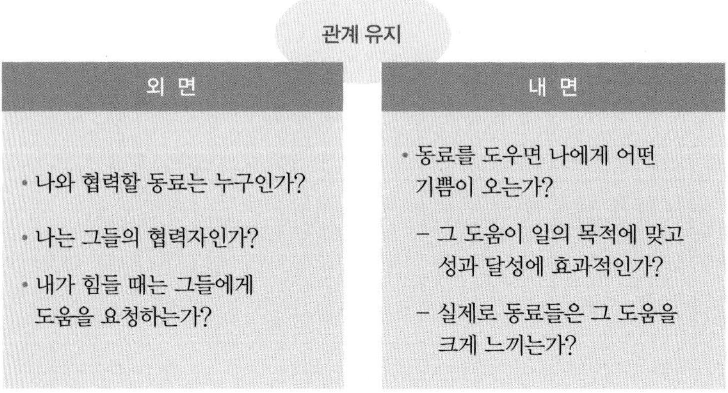

관계 유지

| 외 면 | 내 면 |
|---|---|
| • 나와 협력할 동료는 누구인가?<br>• 나는 그들의 협력자인가?<br>• 내가 힘들 때는 그들에게 도움을 요청하는가? | • 동료를 도우면 나에게 어떤 기쁨이 오는가?<br>– 그 도움이 일의 목적에 맞고 성과 달성에 효과적인가?<br>– 실제로 동료들은 그 도움을 크게 느끼는가? |

이제 성과를 관리하는 과정에서 구성원들이 타인을 돕고 자신에게도 기쁨이 돌아오는 과정을 겪으면서 지속적으로 호혜적 관계를 유지하는 방안을 고민할 때이다. 〈그림 6-2〉는 그러한 측면을 일깨워주는 방식이다.[9] 이 방식은 개인적으로 자문자답해 보는 것이 좋다. 또한 자신의 관계망에 있는 사람들을 떠올리면서 신뢰관계를 제대로 유지하고 있는지를 점검할 수 있다.

## 관계 유지를 위한 외면적 차원

첫째, 외면적으로 관계 유지를 고찰해보기 위한 질문들이 있다.

먼저 "나와 협력할 동료는 누구인가?"를 고려해본다. 즉, 누군가 함께 일을 하면 목표달성이 수월할 수 있는가를 생각하는 것이다. 이 말은 아무리 도움을 주고 협력을 해도 '밑 빠진 독에 물 붓기'식으로 상대가 나를 이용하는 관계는 곤란하다는 의미이다. 이미 언급했지만 협력적 관계 유지를 위해 이타주의 행동이 필요할지라도 나의 에너지를 모두 소진하면서 나와 조직 전체에 아무런 이익이 없는 도움을 계속하는 것은 실패이다. 따라서 만약 이러한 동료관계라면 과연 누구한테 도움을 주는 것이 좋은지를 새롭게 파악해볼 필요가 있다.

그러고 나서 "나는 그들에게 협력자인가?"라는 질문을 되물어볼 필요가 있다. 상호관계의 유지에서 동료가 나에게 호혜적인지를 살폈다면, 나는 동료에게 호혜적인지를 살피는 것이다. 예를 들면, 나의 역량이 그들에게 도움을 주어야 하는데 과연 그런가를 생각해보면 된다. 만약 그렇지 않다면 상대는 쓸모없는 사람이거나 경쟁자로 볼 수밖에 없다. 조직에서 경쟁도 분명 있어야 한다. 경쟁심은 자신의 의지를 세우는 데 적절한 촉매역할을 한다. 하지만 경쟁이 강한 문화에서는 협력을 비천한 행동으로 본다. 남을 이기려는 경쟁의식을 제일로 치는 조직문화는 결코 재미있는 일터를 만들 수 없다. 왜냐면 조직 전체의 이익을 키우고 그것이 개인의 즐거움으로 연결되는 협력의 즐거움은 개인적인 이익을 키우고 자신이 소유하는 경쟁의 즐거움보다 훨씬 크기 때문이다.

다음으로 "내가 힘들 때 그들에게 도움을 요청하는가?"라고 자문해본다. 만약 내가 어려울 때 도움을 요청하지 않는다는 것은 상대의 감정을 고려한 행동이다. 즉, 상대에게 도움을 요청하면 부담이 되지 않을까라는 미안한 마음에서 그렇게 말하지 못한다. 어쩌면 상대는 당신이 도움을 요청하는 행동을 바라고 있을 수 있다. 왜냐면 자신도 도움을 주면서 기쁨을 얻을 기회를 가질 수 있으며 자신도 전체를 위해 기여하고 있다는 만족감을 얻기 위해서이다. 신뢰 유지는 근본적으로 주기만 해서는 안 된다는 것을 다시 한 번 강조하고자 한다.

## 관계 유지를 위한 내면적 차원

둘째, 내면적으로 관계 유지를 위해 고려해볼 질문이다.

먼저 "동료에게 도움을 주면 어떤 기쁨이 오는가?"를 자문해본다. 더구나 그 도움이 전체의 목표를 달성하는 데 기여가 되고 일의 목적을 달성하는 데 효과적인 것이라면 자신은 더없이 기쁠 것이다. 또한 내가 행한 도움이 타인에게 어떤 도움이 되는지를 확인한다는 것은 매우 중요한 일이다. 왜냐면 도움이 되는지 확인 없이 무작정 시키는 일을 하는 것과 같은 기계적인 도움이라고 인식된다면 이타적인 행동을 지속할 수가 없다. 진짜 도움을 확인할 수 없는 상황이 지속되는 것이라면, 자신은 막연히 일을 수행만 한다는 생각으로 지치게 되고 성과 달성을 위한 활동의 질은 당연히 저하되기 마련이다.

그리고 함께 고려해보아야 할 점은 "실제로 동료들은 그 도움을 크게 느끼는가?"라는 것이다. 이 질문은 작고 사소한 도움도 동료들이 감사하게 느낄 수 있지만, 도움을 줄 때는 과감하게 발 벗고 나서야 상대가 진정 감사하게 느낀다는 것이다. 또한 이 질문은 자신이 진짜 사람들을 도울 마음이 있는지를 확인하는 방법이기도 하다. 즉, 자신이 미온적으로 도움을 주고 있다면 도움을 주는 행동이 내 마음에서는 형식적 수준에 그칠 수 있다는 증거가 된다. 과감하게 도움을 주는지에 대한 자신의 판단은 자신이 진정한 협력자로서의 역할을 하는지를 점검해보는 길이기도 하다.

이러한 질문을 자문자답해 보는 것은 시기와 장소가 따로 없다. 본 장의 "기반조성"에서 언급하는 신뢰관계를 형성하였다면 일정기간이 지난 다음, 때때로 자신의 일기장에 글을 쓰는 것과 같이 업무수행 과정에서 이 방식을 통해 신뢰를 점검해본다면 관계 유지 차원에서 혜안을 가질 수 있을 것이다.

# 제 7 장
## 성장 피드백(Raising):
## 자기성장의 몰입,
## 고성과의 근간

　성과관리시스템의 운영에서 평가와 함께 실시하는 피드백은 팀장이나 팀원이 함께 필수적으로 거쳐야 할 단계이다. 이런 피드백을 통해 서로 연간목표달성 활동을 재점검하고 팀원의 강약점을 논의한다. 이때 강점은 이후 활동에서 더욱 확장하여 발휘해야 하고 약점은 어떻게 개선해야 하는지를 상하 논의하는 것이다. 또한 개인의 능력을 진단하여 중장기적으로 개인의 경력목표를 달성하기 위한 학습전략을 논의하기도 한다. 하지만 이러한 피드백을 정확히 수행하는 기업은 그리 많지 않다.[1] 왜냐면 일반적으로 리더는 그것이 얼마나 중요한지를 잘 모르거나 어떻게 해야 하는지를 잘 모르는 경우가 많기 때문이다.

　하지만 본 장에서 논의하는 피드백은 성과관리시스템의 피드백 단계에서 알아야 할 각종 요령이나 방법을 논의하는 것보다 이러한 제도적 활동 전에 팀원의 성장을 위한 피드백에서의 근본적 논의에 초점을 맞추고자 한다(구체적인 인사평가에서 피드백 방법은 시중에 나온 책을 참조 바란다). 하지만 본 장에서 언급하는 내용은 인사평가 및 피드백 단계에서도 활용할 수 있을 뿐 아니라 성과관리 전체 단계에서도 적용할 수 있음을 밝혀둔다.

우선 피드백에 대한 의미를 살펴보자.

이를 잘 설명해주는 이론이 피그말리온 효과(Pygmalion effect), 자기 충족적 예언이다.[2] 1964년 하버드대학교 사회심리학과 교수인 로버트 로젠탈(Robert Rosenthal)과 20년 이상 초등학교 교장을 지낸 레노어 제이콥슨(Lenore Jacobson)은 한 초등학교에서 지능검사를 실시했다. 또한 선생님들에게 영재로 판명 난 학생들 명단을 제공했다. 그리고 1년 후 다시 지능검사를 실시하였다. 사실 이들이 제시한 영재 명단은 임의로 고른 보통 학생이었으나 1년 후 영재 명단의 학생 IQ는 다른 학생들보다 월등하게 높았다. 이러한 이유를 선생님들에게 물어보니 영재로 불린 학생들에게 단지 더 많은 시간을 투자했다고 말했다. 하지만 연구결과, 선생님들은 무의식적으로 보통학생과 영재명단의 학생들을 다르게 대한 것으로 판명 났다. 선생님들은 영재로 판정된 학생에게 더 격려해주고 참을성을 가지고 대하면서 열의로 가득 찬 환경을 조성해주었다. 또한 보통학생보다 더 많은 과제를 내주면서 긍정적 피드백을 해주었으며 수업시간에 답변의 기회를 더 많이 주고 문제 해결까지 더 많은 시간을 기다려 주었다.

그야말로 신화에 나온 피그말리온 왕이 자신이 만든 조각상과 사랑에 빠져 실제 사람처럼 다루고 아프로디테 여신에게 똑같은 여인으로 보내달라고 애원하여 조각상을 여인으로 변신하게 한 것처럼 이 실험은 최초 실험자의 의도, 예언 그대로 실현되었다. 이처럼 우리가 옳다고 생각하는 믿음은 그대로 타인에게 직간접적인 영향을 준다.

이 이론은 조직행동 학자인 크리스 아지리스(Chris Argyris)가 설명한 사람의 인식작용 과정과 일맥상통한다. 우리의 일상에서 혹은 특별한 상황에서 타인에게 보여주는 나의 전반적 모습은 타인에게는 나를 파악하는 정보가 된다. 타인은 이러한 정보를 선택하고 어떤 의미인지 해석하며 자신만의 결론을 내린다. 그리고 자기 인식에 있는 믿음에 자신의 결론을 확인하여 옳다고 판단되면 그에 따른 행동을 취하게 된다.[3] 예를 들면 직원들에게 권위를 세우려는 관리자가 직원들을 대할 때 엄중한 태도를 취한다. 때로는 가볍게 인사하는 직원에게 근엄한 양 침묵으로 대하고 절대 먼저 사적인 이야기를 하는 법이 없다. 그러면 직원들은 왜곡된 인식을 한다. "내가 뭘 잘못이라도 했나? 오늘은 왠지 분위기가 안 좋아. 조심해야지"라는 해석과 동시에 자신이 상사에게 트집 잡힐 만한 점이 있는지 확인한다. 그리고 그것이 상사와 부딪쳐 좋지 못할 것이라고 확신하면 절대로 관리자 앞에 나서서 이야기하지 않는 소극적인 태도를 취하게 된다.

피드백도 동일하게 이러한 과정을 겪는다. 기계작동에서도 작용, 반작용의 상호 움직임이 있듯이 인간관계에서도 이와 같은 상호작용이 없으면, 고장 난 기계와 같다. 만약 이러한 상호작용이 제대로 이루어지지 않는다면, 기계보다 더 복잡성을 지닌 인간은 상대적으로 관계가 더욱 심각해지고 당연히 성과는 떨어질 수밖에 없다.

따라서 기본적으로 피드백은 다음 몇 가지 조건을 갖추어야 한다.

첫째, 일을 잘하는 직원이든 못하는 직원이든 골고루 피드백을 할 필요가 있다.[4] 특히 당신이 리더라면 일을 잘하는 직원은 그냥 내버려두어도 모든 업무 상황을 잘 아니까 괜찮다고 생각할 수 있다. 하지만 그러한 인식은 곧 직원과의 대화 단절로 이어지고 직원은 나의 의도를 이해하지 못하기도 하며 올바른 업무수행의 방향과 달리 수행하기도 한다. 또한 인사평가에서도 성과 우수자에 대한 피드백은 반드시 필요하다. 만약 성과우

수자라 할지라도 잘하니까 피드백을 하지 않는다면 자신의 강점이 무엇이고, 약점이 무엇인지를 간과하게 된다. 사람은 누구나 강약점이 있고 이를 제대로 이해하고 확장 혹은 개선해나가야 한다. 만약 이러한 피드백이 없다면 그들은 우수자라는 평판 아래 자신에 대한 개선 노력을 간과하여 몇 년 내 평범하거나 수준 이하로 떨어질 가능성이 있다.

둘째, 피드백은 시의적절함을 고려한 빈도가 필요하다. 개인에게 성과에 대한 피드백을 일 년에 한 번 평가시점에서만 하는 리더가 있다면, 과연 이러한 어색한 상황에서 직원에게 진정한 피드백을 할 수 있겠는가? 더욱이 성과개선을 위한 교정적 피드백을 해야 한다면 더욱 난처해진다. 성과에 문제가 나타날 때는 언제든지 개선할 수 있도록 깨닫게 해주는 게 리더의 역할이자 코칭의 기본이다. 그렇지 않더라도 일상의 목표달성 활동에서 피드백의 빈도는 무척 중요하다. 업무의 성공적 수행을 위해 리더는 직원들의 업무수행에 대한 정보를 알아야 한다. 그래야 미리 문제를 파악하여 조치할 수 있다. 직원들도 상사, 고객의 관심사를 알아야 적절히 대응할 수 있다. 이렇게 목표달성을 위한 문제를 개선하기 위해서 시의적절하게 지속적 피드백을 수행하는 것은 성과관리에서 생명이라 할 수 있다.

셋째, 피드백에 앞서 상대에 대한 존중의 마음을 가지고 있어야 한다. 이것은 또한 신뢰관계 형성의 기본이다. 때로 존중의 마음은 자신보다 후배라 할지라도 잘못된 상황에 대해 솔직하게 사과하는 마음도 포함된다. 그리고 솔직한 대화를 통해 상황을 이해하여야 한다. 이때 마냥 추측에 의존하지 말고 실제 일어난 일을 피드백해야 한다. 그래야 해결의 실마리를 진솔하게 볼 수 있다. 또한 상호 목표달성을 위한 개선을 추구하기 위하여 합리적인 판단을 해야 할 때가 있다. 이때 타인을 교정하려고 자신이 흥분하거나 자신의 생각만으로 개선방안을 주장하는 것은 진정 타인을 존중하는 마음이 아니다. 그러면 타인은 방어막을 치고 결국 갈등이 조장되기 마련이다. 존중하는 마음은 진정 타인을 아끼는 마음이고 타인의 자존심을 상하지 않게 하는 것이다. 실제 존중의 마음으로 타인을 교정시키고자 한다면 진솔한 마음으로 대면하여 타인의 말을 듣고 자신도 무엇을 지원하고 무엇을 개선해야 하는지를 타인과 공유할 필요가 있다. 이렇게 피드백은 상호 존중하는 마음의 교류에서 일어나는 것이다.

## 외적 적합성

외적 적합성은 조직의 가치와 개인의 가치를 일치시키는 것을 말한다. 이 말은 "조직에서 각 구성원이 어떨 때 가장 크게 동기를 부여받는가?"로 대변할 수 있다.

동기부여 이론에서 프레드릭 허즈버그(Frederick Herzberg)는 인간의 욕구를 위생요인(hygiene factor)과 동기요인(motivator)으로 구분하고 이는 상호 독립적이라고 설명하고 있다. 이를 2요인 이론(two-factor theory)이라 한다. 일반적으로 근로환경에서 전자는 불만스러운 요인, 후자는 만족스러운 요인으로 구분할 수 있다. 그런데 전자의 위생요인(급여, 근로환경, 감독, 행정 등)은 해결한다고 해서 만족스럽거나 동기유인(성취, 인정, 책임, 자기 발전 등)이 되지 않는다는 것이다.[5] 즉, 전자는 만족이란 기준에서 채워지면 본전이지만 채워지지 않으면 불만으로 표출되는 것이다. 반면 후자의 동기요인은 자신의 내부에 내재되어 있으면 그것이 발현된다는 뜻이다. 특히 위생요인 중에 성과와 연동된 보상으로 대표적인 것이 성과급인데, 이것은 구성원 개개인의 다양한 기준에 도달하기 어려울 뿐만 아니라 구성원들은 일 년에 한 번 반복적으로 위생요인의 특성을 경험하는 정도에 그칠 가능성이 많다. 즉, 구성원에게는 장기적으로 지속적인 동기부여가 되지 않고 단기적으로 기본적인 욕구가 채워지는 느낌만 반복되는 것이다. 더구나 자신의 기대대로 성과급을 받아도 그다지 큰 느낌이 들지 않는다. 실제 당신은 연초 성과급을 수령하고 나서 사장님께 매우 고마움을 느끼고 금년에도 뼈 빠지게 목표달성을 위해 노력하겠다고 다짐하는가? 이 같은 조직구성원은 거의 없을 것이다. 참으로 성과급이 조직구성원의 열정을 불태울 요인이 되지 못한다면 지속적으로 구성원들을 동기부여를 시켜주는 요인은 무엇일까?

심리학자 미하이 칙센트미하이(Mihaly Csikszentmihaly)는 『몰입의 경영』에서 사람들은 내면적으로 자신을 성장시키는 일을 할 때 최상의 만족상태인 몰입을 경험하고 행복을 느낀다고 하였다.[6] 이는 어떤 일이라도 그 자체가 가치가 있고 즐거울 때, 일의 결과에 대한 외재적 보상이 주어지지 않더라도 대신 내재적 보상이 주어진다는 것이다. 그리고 이것이 진정 자신에게 강력한 영향력을 끼친다는 것이다. 따라서 행복은 자신이 가치 있다고 생각되는 일에 몰입하여 완벽하게 해냈을 때 느낀다. 또한 이러한 일을 통해 성장하고 그 과정에서 만족과 보람을 느낀다. 그래서 사람들은 가치 있는 일이라고 느낄 때 더욱 참여하여 잘해보고자 하는 동기가 만들어진다. 제3장에서 마이다스아이티의 사례에서 성장과 완성의 추구를 하는 직원들을 상기해보자. 사람은 본래 새로운 것을 익히고 새로운 경험을 하길 좋아한다. 만약 매번 같은 수준의 과제를 계속 수행하라고 하면 금세 지루해한다. 그래서 새로운 과제에 도전하고 새로운 방법을 찾아내서 성과를 이루어내며 그것이 자신의 성장으로 이어진다면 그 일은 더할 나위 없이 자신에게 가치 있는 것이다. 그래서인지 요즘 부쩍 "조직의 가치와 개인의 가치의 일치"란 말이 자주 등장한다. 그렇다면 조직과 개인의 가치를 어떻게 일치시킬 것인가?

대개 위의 명제에 대해 조직 차원에서의 생각은 조직의 가치를 명확하게 하여 구성원들에게 공유시키는 데 초점을 맞춘다. 하지만 실제 한 조사에 의하면 조직의 가치를 명확하게 하여 공유시키는 것보다 조직의 가치는 명확하지 않지만 개인의 가치를 명확하게 하는 것이 오히려 성과 기여가 높았다. 물론 조직의 가치나 개인의 가치가 둘 다 불명확할 때 성과 기여도가 가장 낮았고 이 둘이 명확하고 조화를 이룰 때 가장 높았다.[7]

이 조사결과의 의미를 덧붙이자면 이렇다. 우선 조직의 가치는 개인 가치와의 일치를 위해 마당을 만들어주는 밑바탕이 되어야 한다. 한편 개인은 자신의 가치를 자신의 일과 동일시(同一視)한다. 그래서 개인은 정립된 자신의 가치를 일 속에서 구현하고자 한다. 그러는 과정에서 개인은 일 속에서 자기성장을 인식하게 되고 기쁨을 느끼면서 자신의 가치실현이 가능함을 느낀다. 그러면서 개인은 일 속에서 조직이 부여한 가치의 의미를 발견하게 되고, 이 또한 자신의 가치와 동일시하게 된다.

저자의 예를 들자면, "나는 향후 성공하고 싶어 하는 사람들에게 나의 지적 산출물로 도움을 준다"가 나의 개인 가치이자 사명이다. 사실 이것을 실현하고자 지금의 아이앤씨컨설팅 회사를 설립하였다. 사회나 학교에서 배우고 느낀 것을 기반으로 지난 10년간 기업의 문제 해결을 위해 많이 뛰어다녔다. 돈이 되든 안 되든 간에 최고의 품질을 제공하려고 무진 애를 썼다. 그것이 내가 정립한 가치를 실현하는 길이기 때문이기도 하다. 즉, 나의 지적 산출물로 기업의 성공을 돕는 것이 나의 가치와 일치하기 때문이다. 이러한 나의 행동은 아이앤씨컨설팅의 기업 사명선언서 "우리는 고객의 미래와 변화를 위해 월드클래스 솔루션(world class solution)을 제공한다"와 당연히 일치할 수밖에 없었다. 비록 회사는 작지만 내공이 강한 회사가 되겠다는 자존심이자 내 일의 결과물이 세상 사람들에게 도움이 된다는 것은 내게 너무 기쁜 일이기에 회사 일에 몰입하고 시간에 구애 없이 최선을 다하고 있다.

따라서 직장생활에서 일의 의미는 중요하다. 처음부터 재밌는 일은 없다. 일을 통해 자신의 능력을 성장시켜 나가면 재밌어지고 몰입이 된다. 더욱이 힘든 도전을 통한 자기 능력의 발전은 성취감 이상의 행복이 된다.

팀 내에서도 〈그림 7-1〉의 간단한 질의응답을 통해 개인과 조직의 가치를 일치시키는 작업을 수행할 수 있다. 다음 〈그림 7-1〉을 살펴보자.

▼ 그림 7-1  외적 적합성의 접근 방식

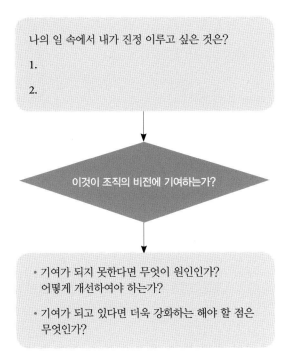

나의 일 속에서 내가 진정 이루고 싶은 것은?

1.

2.

이것이 조직의 비전에 기여하는가?

• 기여가 되지 못한다면 무엇이 원인인가?
  어떻게 개선하여야 하는가?

• 기여가 되고 있다면 더욱 강화하는 해야 할 점은
  무엇인가?

## 일 속에서 개인가치 인식하기

직업에서 개인의 가치를 발견하는 방법이 있다. 자신이 하고 있는 일 중에는 진정 하고 싶은 일이 있고 하기 싫은 일이 있을 수 있다. 그렇다면 '진정 하고 싶은 일은 왜 하고 싶은 것일까?'라는 질문을 한다. 그래서 나온 대답에 대해 또다시 '왜 그것이 중요한가?'라는 질문을 한다. 이러한 질문에 대한 답을 더 이상 진척하지 못할 때까지 반복한 후 이를 종합적으로 정리해보면 자신의 가치, 즉 사명이 정립될 수 있다. 저자의 경우 "나는 향후 성공하고 싶어 하는 사람들에게 나의 지적 산출물로 도움을 준다"라는 사명이 정립되기까지 이러한 단계를 거쳤다. 첫 직장에서 나의 일 중에 '이론적 기반으로 교육내용을 만드는 것'이 마음에 들었다. '진정 왜 그러한 일을 하고 싶을까?'라고 자문을 했다. 그것은 사람들이 학습에서 깨닫게 할 때, 어떤 개념이나 이론을 나의 생각으로 연결시키는 작업이 흥미 있었기 때문이었다. 그다음 '왜 그것이 나에게 중요한가?'에 대한 질문을 반복했다. 그래서 얻은 대답들은 뭔가 새로운 것을 창조해내는 것이 기쁨으로 다가오기 때문이면서, 새로운 것을 갈망하는 사람에게 도움이 되는 것이 나 자신에게 성취감이 있었기 때문이었다. 또한 타인이 우러러보고 인정할 만한 지적 창조물을 만드는 것은 나 자신에게 더할 나위 없는 기쁨이었다.

이렇게 우선 자신의 일 속에서 가치를 정립해보는 것이 중요하다. 만약 부하 직원이 정립된 자신의 가치를 리더와 공유한다면, 리더는 직원이 일 속에서 그 가치를 실현시킬 기회를 제공해주어야 한다. 이것이 리더의 마땅한 역할이자 직원에 대한 진정한 배려이다. 개인은 정립된 가치를 기반으로 '나의 일 속에서 진정 이루고 싶은 것은 무엇인가?'를 다시 자문해본다. 만약 이러한 질의응답을 연말 평가면담에서 한다면, 개인의 경력개발에 매우 도움이 되는 질 높은 평가면담이 될 수 있다. 여기서 직원이 현재의 일이 자신의 가치와 맞지 않다고 리더에게 이야기한다면 조직 전체적으로 볼 때, 다른 부서로 이동하여 다른 일을 할 수 있도록 기회를 부여함이 옳은 처사이다. 그러한 여건이 안 된다면 최소한 부서 내 다른 일을 맡겨 직원이 더욱 성취감을 갖고 일할 수 있도록 만들 필요가 있다.

## 조직의 비전과 연결해보기

나의 일 속에서 진정 이루고 싶은 것들을 발견하였다면, 이제 그것이 조직의 비전에 기여하는지를 확인할 차례이다. 이때 조직의 비전을 구성하는 요소는 조직의 사명(조직의 존재목적이자 개인들이 왜 여기서 일하는지에 대한 대답이 되는 목적), 장기적 목표(대개 크고 어렵고 대담한 바람직한 목표), 핵심가치(조직구성원들이 사고하고 행동하는 기준이 되는 바람직한 신념), 전략과제(비전, 장기목표 등의 달성을 위한 중장기적으로 사업수행에 중요한 일)로 이루어져 있는데, 이 중 나의 일 속에서 진정 이루고 싶은 것과 연결해보는 가장 현실적인 요소는 전략과제이다.

아래 〈그림 7-2〉를 보자. 진정 개인적으로 원하는 일이 조직의 전략과 연계성이 높은 것도 있고(그림의 ◎ 표시), 높지 않은 것도 있다(그림의 △ 표시).

▼ 그림 7-2 **사업전략과 개인적인 일과의 연계분석**

| 사업전략<br>개인적 일 | 전략 1 | 전략 2 | 전략 3 |
|---|---|---|---|
| 진정<br>원하는 일 1 | ◎ | ◎ | |
| 진정<br>원하는 일 2 | △ | △ | △ |
| 진정<br>원하는 일 3 | | ◎ | ◎ |

내가 성취감이 생기고 기쁘게 느끼는 일이 조직의 전략과제와 연계성이 높다는 것은 조직 전체성과에 기여가 될 뿐만 아니라 조직에서 자신이 인정받을 수 있는 기회가 많다는 의미이다(《그림 7-2》의 진정 원하는 일 1과 3). 그렇다면 당연히 개인이 진정 이루고자 하는 일에 우선순위를 둘 필요가 있다.

## 자신의 일을 의미 있게 다듬기

이제 '일치'라는 말에 귀 기울여보자. 지금까지는 개념적으로 접근하였다면 이제 구체적으로 어떻게 실천할 것인가에 대해 고민할 차례이다. 상기 분석에서 만약 자신의 진정 원하는 일과 조직의 전략과제와의 연계성이 낮다면 그러한 일에 초점을 맞추는 것은 아무래도 개인적으로 성취감이 일어나지 않는다.

따라서 진정한 '일치'를 위해서는, 구체적으로 연계성이 낮은 원인을 분석하여 내가 원하는 일의 무엇을 개선해야 하는지를 파악해볼 필요가 있다. 예를 들어, 인사팀 직원으로서 진정 내가 하고 싶은 일은 직원들이 직장생활 동안 매너리즘에 빠지지 않고 필요할 때 에너지를 얻을 수 있는 방안을 고안하여 돕는 것인데, 전략과제는 해외시장의 공략, 신제품 조기출시, 제조공정의 수율향상과 같은 것이어서 연계성이 적다고 가정해보자. 그렇다면 일반적인 심리클리닉 프로그램을 적용하기보다 목표달성 과정에서 지쳐있는 직원들의 스트레스를 감소하고 도전적인 일에 기쁨을 찾을 수 있는 프로그램 개발을 연구하는 것이 더욱 조직전략에 연계성을 높일 수 있다.

반대로 자신이 진정 원하는 일과 조직전략과 연계성이 높으면 여기에 전력투구할 필요가 있다. 그러기 위해서는 진정 자신이 원하는 일을 구체적

으로 가다듬어야 한다. 즉, 자신이 그 일에 심취하고 있으면서 조직 성과에
도 기여하기 위해 무엇을 좀 더 강화해야 하는지를 찾을 필요가 있다.


## 내적 적합성

내적 적합성은 추구하고자 하는 자신의 모습과 실제 자신의 모습과의
차이를 반성해보고 개선하려는 것을 말한다.

개인학습은 분명 조직역량의 기반이 된다. 다만 조직역량이 개인역량과 다
른 점은 조직 내 다양한 문제를 개개인 역량의 통합으로 해결할 수 있느냐는
것이다. 그렇다 하더라도 조직역량의 바탕에는 개인이 해당 지식과 정보를
자신의 깊은 사고와 결합하여 문제를 해결하는 개인능력이 존재한다. 그만
큼 조직에서는 개인의 역량향상을 위한 절대적 방법을 취할 필요가 있다.

여기서 리더의 입장이라면 마땅히 고려해야 할 점이 있다. 리더가 개인
의 성장을 돕는 데는 코칭이 절대적이다. 하지만 코칭이 개인에 집중되기보
다 전체 팀원을 고려한 코칭이 되어야 한다.[8] 사람마다 특성이 다르기에 리
더는 개인특성의 다름을 인정하고 팀 전체 목표달성을 위해 그들이 장점
을 발휘하게끔 이끄는 것이 중요하다. 이는 생각보다 쉽지는 않다. 특히 팀
원의 생각이나 행동이 자신과 충돌할 때는 스스로 저항하는 방어기재가
작동된다. 예를 들어 팀이 추진하려는 방향과 완전히 다른 새로운 방향을
제안하거나 현재 방식에 반대하는 팀원이 있으면 마음이 언짢아진다. 그리
고 어쨌든 리더의 의견을 개입시켜 본래 방향과 방법으로 진행시키려 한
다. 그러면 팀 전체의 분위기는 가라앉고 만다. 리더가 진정 사람들을 키우

려는 마음이 있다면, 전체적인 흐름에서 일탈되는 의견이 나오더라도 다름을 인정하고 받아들일 필요가 있다. 실제 리더는 팀 전체 목표달성을 위한 현재 추진방향과 방법이 과연 올바른지를 사실 그대로 검토하고 팀원들과 솔직히 논의해야 한다. 그리고 올바르지 않다면 각자가 추진해야 할 새로운 역할을 조율하고 의견을 통합하는 것이 리더의 역할이다. 이것이 바로 개개인의 코칭도 중요하지만 전체의 성과를 위해 팀원들에게 균형을 맞춘 코칭이 이루어져야 한다는 것이다.

또한 직원들이 업무수행 과정에서 불만이 생기지 않도록 인사제도나 기타 업무시스템도 뒷받침되어야 한다. 업무수행의 수단이 비효율적이고 형편없는 수준에서 팀원의 역량이 발전할 수 없다. 자신의 재량을 마음껏 발휘하려고 해도 현실의 업무환경에 부딪히면 사람은 수동적이 되고 만다. 먹고살기 위해 어쩔 수 없이 일하는 직원 말이다. 이와 같이 리더는 직원의 성장을 위한 환경을 조성하기 위해 장애요소를 발굴하고 개선하는 데 집중할 필요가 있다.


팀원의 입장에서는 자기 학습을 위한 개념을 알 필요가 있다. 직원들의 역량이 발전하기 위해서는 〈그림 7-3〉과 같이 "감각"과 "사고력"의 상호작용이 필요하다.[9)]

첫째, "감각"이란 어떤 문제나 현상에 대해 주관적인 느낌을 갖는 것이다. 저자는 사회 초년 시절부터 기획실 선배들로부터 들은 명언이 있다. 그것은 "현장에 답이 있다"는 것이다. 현재 나는 경영컨설팅을 하고 있지만 여전히 이 말을 굳게 믿는다. 우리는 일반적으로 경험이 중요하다고 이야기하지만 그 경험은 대부분 현장을 통해 얻어진다. 저자의 경우 컨설팅에서 가장 중요시 여기는 방법론이 현장 인터뷰인데 그것은 바로 현장에 답이

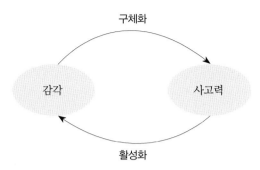

있기 때문이다. 실제 과제를 해결하기 위해서는, 즉 과제를 명확히 하기 위해서는 현장에서 무엇을 요구하는지, 그들이 진정 문제라고 생각하는 것이 무엇인지, 그리고 현장 스스로 생각하는 대안은 무엇인지를 알기 위해서는 현장에 가봐야 한다. 그래서 아무리 기간이 짧은 컨설팅 프로젝트라도 시간을 내어 인터뷰를 심도 있게 추진한다.

일반 조직에서의 리더나 팀원의 업무수행에서도 마찬가지이다. 이러한 "감각"을 향상시키기 위해서는 저자는 전문가 입장에서 현장을 접근해야 한다고 생각한다. 전문가는 실제 답을 내는 사람이면서 책임감을 갖고 현장을 접근한다. 자신은 아직 담당자라서 잘 모르지만 상사가 현장에 가보라고 하니 나와서 문제와 해결책을 찾아본다는 식의 태도는 곤란하다. 비록 해결을 위한 방법론에 대해 완전히 감을 갖고 있지 못하더라도 전문가로서 접근해야 한다. 저자가 20여 년 전 첫 직장에서 경험한 것을 소개하자면 이렇다. 당시 해외유학을 한 CEO는 어느 날 우리 부서에 방문하여 MBO(Management by Objective)를 시행하라고 명했다. 우리 부서의 부서장과 선임은 타사의 경영관리 방식을 벤치마킹하면서 일본식 방침관리(方針管理)를 바탕으로 미국식 MBO를 접목하는 것이 우리 회사에 적절하다는 결론을 내렸다. 이것은 요즘의 BSC(Balanced Score Card)와 유사한 것이다. 그리하여 3년 반에 걸쳐 CEO부터 사원까지 그 당시 방침관리의 대가를 모셔서 직원 한 명당 세 번 넘게 반복교육을 시켰다. 그 와중에 나는 우리 회사에 맞는 경영관리방식을 찾고자 하는 책임을 느끼고 있었기에 어설프게 알아서는 안 된다고 보고, 이것을 독파 때까지 교육에 계속 참가하기로 마음먹었다. 나는 같은 교육과정을 세 번 듣고, 네 번째 교육과정에 참가한 첫날 교재를 덮으며 회심의 미소를 지었다. 그리고 나는 그 교육과정을 진행하던 선생님에게 간청하여 교육과정 중간에 강사를 대신하여 실습결과를 피드백해볼 수 있는 기회를 부여받았다. 일종의 전문가를 모방하여 교육을 진행해본 것이다. 이러한 자신감으로 타사나 일본 회사가 추진한 자료를 참조하여 우리 회사에 맞는 "방침관리 실무 매뉴얼"을 만들었다. 그 와중에 초안을 현장에 배포한 후 인터뷰를 실시하여 우리 회사에 맞는 의견을 접목하였다. 그 후 내가 만든 책은 모든 교육과정의 교재로 사용되었을 뿐 아니라 원가 중심의 관리만 하던 경영관리방식을 한층 업그레이드할 수 있었다. 이것이 내 인생의 첫 번째 컨설팅이다.

사실 신입사원은 현장에 가더라도 뭐가 뭔지 잘 모를 수 있다. 하지만 수많은 정보를 들으면 새로운 사고를 할 수 있다. 하나의 주제를 해결하기 위해 많은 정보를 들으면 전체가 보이기 시작한다. 그리고 틈새도 보인다. 즉, 어떤 주제에 대하여 해결책을 겨냥한 전체 그림이 그려지면 거기에 맞지 않는 조각이나 비어 있는 조각들을 발견할 수 있다. 그래서 자신감을 갖고 전문가처럼 행세하며 현장에 가보아야 한다. 그것도 자신이 전체 결과를 그려볼 때까지 많이 가보아야 한다. 그러면 이후 언급되는 "사고력"에서 기른 능력을 바탕으로 문제나 해결책을 짚어내는 힘이 생긴다. "사고력"에서 생긴 기준으로 사물을 바라보면서 스스로 질문을 하고 잘잘못과 올바른 해결책을 짚어내는 능력을 가질 수 있다는 것이다.

둘째 "사고력"이란 해당 분야의 기초 지식을 습득하여 적용하는 힘을 말한다. 해당 분야의 기초 지식에 대한 학습은 무엇(what)에 대한 공부보다 왜(why)에 대한 공부를 해야 한다고 생각한다. 무엇에 대한 공부는 피상적으로 아는 수준에 머물 수 있다. 실제 직원들이 이것저것 많은 것을 알고 있는데 막상 그것을 어떻게 적용할지 막막한 경우가 있다면 바로 이러한 경우이다. 자신의 직무수행에 필요한 기초 공부를 하더라도 항상 "왜"라는 질문을 던져볼 필요가 있다. "왜, 이 저자는 이렇게 정리했을까? 다르게 생각할 수는 없을까?" 등의 질문을 던져봄으로써 응용력이 생겨난다. 어떤 이는 해당 지식을 많이 갖추어야 왜라는 질문이라도 던질 수 있다고 한다. 물론 이 말도 옳은 소리다. 그러나 지식이 일천(日淺)하더라도 주어진 것으로 얼마든지 왜라는 접근을 할 수 있다. 그렇게 함으로써 생각하는 힘이 길러진다. 그리고 적용하는 힘을 가질 수 있다. 즉, 알고 있는 것을 가공, 편집, 변형, 통합하는 것이 가능하다는 것이다. 창조란 이러한 적용하는 힘에서 나온다.

그러기 위해서는 단순히 아는 것이 아닌 정확히 알아야 한다. 창조의 전제조건은 원리를 정확히 아는 것이다. 새로운 지식이나 자기 전문 분야가 아닌 다른 분야의 개념이나 지식들 또한 과감히 받아들여야 한다. 끊임없이 유행하는 이론이나 개념들을 이해할 필요가 있다. 이는 어떤 새로운 내용을 모두 다 이해하라는 것이 아니라 원리를 이해하여야 한다는 것이다. 요즘 통섭(統攝, consilience)이란 말이 유행하고 있다. 그래서 사람들이 인문학을 배운다고 분주하다. 이 의도는 다른 분야의 생각하는 개념이나 원리를 자신의 분야에 접목하여 창조하자는 것이다.

이처럼 개인의 학습 성장을 위한 이 두 가지 요소, "감각"과 "사고력"은 어느 한 가지만 뛰어난 것보다 둘 다 갖추어야 경쟁력이 생긴다. 〈그림 7-3〉과 같이 "감각"은 "사고력"을 형성하는 데 구체화시키는 역할을 한다. 즉, "감각"은 "사고력"의 폭을 넓히고 현실적인 적용을 가능하게 도와준다. 또한 "사고력"은 "감각"을 넓히는 데 활력소가 된다. 즉, 현장에서 "감각"을 발휘하는 데 다양성을 제공하며 핵심을 짚어내는 데 자원이 된다. 그래서 이두 요소가 상호작용이 되어야 한다.

한 가지 덧붙일 점은 자신이 갖고 있는 역량을 상대가 공감할 수 있도록 하는 "표현력"을 키울 필요가 있다. 아무리 내면에 갖고 있는 실력이 뛰어나도 그것을 상대가 공감해줄 수 없다면 말짱 도루묵이다. 저자의 경험에서 보면, 이를 잘하기 위해서는 이야기하듯이 표현하는 것이 제일이다. 즉, 남들 앞에 프레젠테이션(presentation)을 해도 이야기하듯이 한다면 실패하는 법이 없다. 물론 말하기뿐만 아니라 설득하고자 하는 내용도 이야기하듯 작성되어야 한다. 이야기하듯 표현한다는 장점은 듣는 사람으로 하여금 지루함이 없도록 내용을 공감하면서 생각을 쫓아오게 한다는 것이다.

이러한 개인능력을 더욱 심화하기 위해서는 휴식시간이 필요한데 일종의 교수 안식년 같은 것이다. 영어를 잘하기 위해서 일주일에 한 번은 뇌를 쉬어주어야 한다고 한다. 그간 학습되어온 것을 정리하는 시간이 필요한 것이다. 이와 같이 사람은 보다 나은 자신을 위해 자신의 내면을 들여다보고 정리할 시간이 필요하다. 업무에 열중하다 보면 일 년이란 시간은 자신을 돌아볼 겨를도 없이 지나가고 만다. 따라서 주기적으로 혹은 연말에 성과평가 및 피드백 시간을 통해 자신을 돌아볼 시간을 갖는다는 것은 조직구성원으로서 정말 의미 있는 기회가 된다.

따라서 개인 성장과 기업 성장의 일치란 외적 적합성을 위한 노력과 함께 개인의 성장의 내적 적합성을 위해 〈그림 7-4〉와 같은 4가지 접근방식으로 자가진단 과정을 거칠 필요가 있다. 더욱이 상사와의 면담을 통해 자가진단 결과를 서로 논의한다면 더더욱 좋은 성장 계획을 수립할 수 있다.

▼ 그림 7-4  개인역량 발전의 접근방식

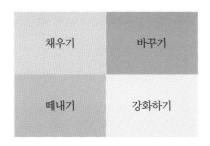

| 채우기 | 바꾸기 |
|---|---|
| 떼내기 | 강화하기 |

## 채우기

첫째, 역량향상 방안은 "채우기"이다. 이는 본 장의 "외적 적합성"에서 언급하였던 "나의 일 속에서 진정 이루고 싶은 것"들을 발견하였다면, "이것을 이루기 위해 나 자신의 역량은 도움이 되었는가?"를 묻고 자가진단을 해보는 것이다. 만약 자신의 역량이 진정 이루고 싶은 것에 도움이 되지 못했다면 어떤 역량이 부족해서 그런지를 도출하기 위한 것이다.

그러려면 우선 진정 이루고 싶은 일을 세분화할 필요가 있다. 예를 들어, 앞에서 언급한 "인사팀 직원으로서 진정 내가 하고 싶은 일은 직원들이 직장생활 동안 매너리즘에 빠지지 않고 필요할 때 에너지를 얻을 수 있는 방안을 고안하여 돕는 것이다"라는 것에 대한 세부적인 일로 관리자가 직원의 스트레스를 측정하여 경감할 수 있는 방안을 적용할 수 있게 한다든가,

스스로 도전적인 목표를 주저 없이 설정할 수 있는 동기부여 방안을 개발한다든가, 적은 비용으로 직원들이 힐링(healing)할 수 있는 방안을 지원하는 것들이 될 수 있겠다. 그러고 나서 이러한 세부적인 활동을 수행하기 위해 자신의 역량에서 부족하거나 아예 부재한 것은 무엇인지를 도출해본다.

대개 부족하고 부재한 지식이나 스킬을 채우기 위해서는 무엇보다도 앞서 밝힌 개인역량 발전 메커니즘 중에서 "사고력"의 해당 기초 공부가 필요하다. 수많은 관련 자료나 서적을 읽고 아이디어를 발휘할 수 있게끔 하여야 한다. 그리고 "감각"에서 언급했던 현장 인터뷰와 같은 점검활동도 필요하다. 이와 같이 양쪽 접목이 이루어졌을 때 진짜 훌륭한 학습을 할 수 있게 된다.

## 바꾸기

두 번째 역량향상 방안은 "바꾸기"이다. 이는 개인이 가진 능력들 중에 부족한 것을 분석하여 새롭게 향상을 도모하는 것을 말한다.

앞서 "채우기"의 방안도 "나의 일 속에서 진정 이루고 싶은 것"들을 발견하였다면, "이것을 이루기 위해 나 자신의 역량은 도움이 되었는가?"를 묻고 부족한 것을 채워 넣기를 시도하였다. 여기서는 "내 역량이 도움이 되지 않는 이유는 무엇일까?"를 더 심도 있게 물어보아야 한다. 이렇게 자문자답해볼 때 자신이 갖고 있는 지식이나 기능보다 태도나 사고에 관한 반성이 많을 것이다. 즉, "채우기"의 사례를 볼 때 직원들이 매너리즘에 빠지지 않고 에너지를 얻을 수 있도록 돕는 일을 하고 싶은데 도움을 주지 못한 이유가 지식이 부족할 수도 있지만, 바쁘다는 핑계로 도전적인지 못한 점도 있고 상사가 굳이 하지 않아도 될 일이라고 해서 설득을 하지 못하고 우선순위에서 밀쳐놓았던 것 등을 반성할 수 있다.

따라서 이러한 반성을 통해 자신이 바뀌어야 할 점을 스스로 찾아내는 것은 자신의 습관을 바꾸는 데도 큰 도움이 될 것이다.

## 강화하기

세 번째 역량강화 방안은 "강화하기"이다. 이것은 이미 자신이 갖고 있는 역량을 더욱 강화하기 위한 방안을 고민하는 것이다.

가장 일반적인 방법은 시행착오 학습을 통해 강화하는 것이다. SBS 〈생활의 달인〉이라는 프로그램이 있다. 출연자들은 각종 요리, 각종 도구의 사용, 배달, 보석가공, 미용, 진열 등 생활 속에서의 달인들이다. 여기서 달인들은 한 가지 공통점이 있다. 그것은 타고난 재주가 있기보다 수많은 시행착오를 통해 남다른 역량을 익혔다는 것이다. 그 과정을 들여다보면 경쟁심에서, 치열한 환경에서 생존을 위해, 점점 발전되는 자신의 모습이 즐거워서 등 이유가 각양각색이다. 하지만 이유가 어떻든 간에 이들은 자신 혹은 타인으로부터 강한 피드백을 받고 인내하고 훈련하여 경지에 이르게 된다. 조직구성원들도 이러한 달인들이 즐비하다면 분명 조직의 생산성이 오를 것이다.

그렇다면 당신은 자신의 업무수행에 달인인가? 하지만 대개 조직구성원들은 달인이 피드백 받은 것처럼 업무수행 과정에서 강한 피드백을 받지 못한다. 더더욱 자신의 업무능력 수준에 대한 피드백을 받기 어렵다. 물론 역량평가시스템을 갖춘 조직은 역량별 행동지표에 따라 구성원들을 평가한다. 하지만 측정에만 그치지 역량을 발휘하기 위한 지식, 스킬, 태도의 수준이 어느 정도이고 어떻게 강화해야 할지 논의하는 경우는 드물다. 그렇기에 스스로의 성장을 위해서는 분명 자신의 능력을 진단하고 향상시킬 수 있는 방안을 찾아야 한다.

역량을 강화하는 방안 중에 도움이 될 만한 것을 소개하자면, 강의를 하거나 글을 써보는 것이다. 일종의 자신의 역량을 사용함으로써 얻어지는 능력인데, 강의하거나 글을 쓰면 먼저 자신의 생각이 정리된다. 그리고 남을 설득하기 위해서 하나의 개념이나 원리라도 정확하게 이해하여야 하기 때문에 자신이 알고 있는 지식을 분명하게 정립할 수 있는 장점이 있다.

## 빼내기

네 번째 역량향상 방안은 "빼내기"이다. 이는 폐기학습이라고 할 수 있다. 폐기학습은 더 이상 쓸모없는 지식을 버리는 것이다. 예를 들어 성공을 거듭해오면서 체험된 방식이 무의식적으로 혹은 자연스럽게 옳다고 생각하는 고착화된 사고방식을 말한다. 이것은 환경이 변하지 않으면 관계가 없지만 변화하는 환경조건에서 과거의 성공방식이 통하지 않을 때 문제가 생긴다. 예를 들면 SBS의 〈KPOP STAR〉라는 서바이벌 오디션 프로그램이 있다. 여기서 심사위원들이 노래하는 참가자에게 하는 지적 중에 자주 언급되는 부분이 있다. 그것은 바로 "기성가수처럼 부르지 마라, 자신만의 색깔로 소화해서 불러라, 자연스럽게 이야기하듯이 불러라" 등이다. 그리고 심사위원들은 참가자가 다음 라운드에서 지적된 부분을 개선해오면 매우 큰 칭찬을 하는 것을 볼 수 있다. 그 이유는 그만큼 기존 습관을 고치기 어려운데 그것을 극복해낸 것에 대한 찬사이다. 오디션에 참가하기 전에는 뭇사람들로부터 기성가수처럼 기교를 가미한 노래 부르기에 찬사를 받았고 그것을 성공이라고 생각하였지만, 진정한 가수의 조건은 다른 데 있다는 것을 깨닫고 자신을 변화시킨 것이다.

하지만 조직 내 구성원들은 현실적으로 자신의 사고가 고착되었는지, 고착된 사고에서 어떻게 빠져나와야 하는지에 대해 잘 알지 못한다. 그러나 바꿀 수 있는 방법이 있다. 일반적으로 우리는 설정한 목표를 주기적으로 점검하여 분석한다. 이를 시스템적으로 고려해볼 때 아웃풋(output)이 좋지 않으면 프로세스(활동방법, 절차 등)가 잘못되었는지, 인풋(input; 정보, 자원 등)이 잘못되었는지를 짚어보는 것이다. 이때 고착에서 빠져나오게 하는 사고방식이 바로 목적 중심의 사고방식이다.[10]

먼저 진단해볼 것은 "왜 하필 이 활동 혹은 방법이어야 했는가? 또한 왜 이러한 입력이어야 했는가?"에 대한 자문자답을 하는 것이다. 기존 활동에서 성공했던 방법이어서 적용한 것은 아닌지, 하기 쉬운 방법이라서 그냥 적용한 것은 아닌지 등을 생각해보면서, 그 방법이 아니라면 다른 방법은 없을까를 동시에 생각해본다. 예를 들어 바로 앞글의 "사고력"에서 통섭과 같은 개념을 적용해보는 것이다.

그러나 여전히 목표를 달성하기 위해 프로세스나 입력의 장애물들이 존재한다. 그렇다면 "본래의 목적이 무엇인가? 왜 이 일을 하는 거지?"라고 질문하여 되짚어본다. 이는 과제를 바라보는 핵심을 되살려주는 역할을 한다. 즉, 목표달성을 위해 현재 사용하는 방법은 본래 목적에 타당한가를 생각하게 한다. 예를 들어 한 회사는 이익창출을 위해 고객의 점포를 돌며 물건을 배송하고 상담도 하는 영업업무를 배송과 상담으로 구분하여 인력 배치를 조정함으로써 효율성을 향상시켰다. 또한 과거 2명이 담당하던 영업지역을 보다 더 넓게 맡겨 인력감축의 효과도 내고자 하였다. 그러나 담당 간의 고객 정보교류 미흡, 업무과다, 고객지원시간 부족 등의 많은 장애물이 발생하였다. 결국은 고객으로부터 불만이 쏟아졌다. 그렇다면 "2인

분업체제를 왜 하는 거지? 본래의 목적은 납기, 가격(에누리 포함) 등의 고객 요구를 만족시키는 것이 아닌가?"라는 질문을 해볼 필요가 있다. 이것은 일의 목적을 달성하면서 효율적 운영체제도 달성하는 새로운 과제를 떠올리도록 하는 질문이 된다. 결국 기준의 효율적 운영을 위한 고착된 사고를 해체시키는 결과를 이끌 수 있는 것이다.

본 책의 집필이 끝나갈 무렵, 교수인 친구와 함께 젊은 세대가 앞으로 살아갈 사회는 어떤 모습이 바람직한지에 대하여 대화를 주고받았다. 당연히 현실 사회의 비판이 도마에 올랐다. 비판의 요지는 작금의 사회는 정치, 행정, 고용방식, 경쟁규칙, 조직운영 등 여러 제도나 시스템운영에서 너무 "형식"에 치우쳐 진정 목적에 그르치는 것이 많다는 점이다. 내가 성과관리에 대한 책을 쓴다고 하니 그 친구는 자기 학교 분위기를 소개하였다. 이전 교수들 사이에는 전체가 옳은 방향으로 간다면 선임 교수의 지시에 따르고 수행해야 할 공동의 일을 자발적으로 실행하는 경우가 많았다고 한다. 하지만 6~7년 전 교수들의 업적을 정량화하여 평가하고부터 그러한 모습은 사라졌다 한다. 학생들의 오리엔테이션도 교외로 가지 않는다. 혹시 사고가 나면 담당교수의 오점으로 남게 되니까 교내에서 진행하고 만다. 또한 교수들은 전체의 이익에 도움이 되는 일에 아예 관심을 두지 않으며 자신을 드러내는 일에만 집중한다고 한다. 이런 부정적 분위기를 누가 나서서 이야기하는 사람조차 없다고 한다.

이런 측면에서 나는 우리 사회가 "형식"에 치우쳐 발전된 방향이나 개선을 주도하는 리더십이 몹시 부재하다는 것을 실감하고 있다. 또한 조직 내 성과관리의 변화에 대한 리더십 부재도 같은 맥락에 당착해 있다. 진정 누구 하나 쓴소리로 변화를 이끌어내려는 자가 부족하다. 사실 내가 사람 중심의 성과관리를 집필하는 목적에는 이러한 의도를 에둘러 말하려는 것도 있다.

그래서 본 책에서 지금까지 사람 중심의 성과관리 4R 모델을 나의 경험과 사례 중심으로 그 타당성을 밝혀왔으나 실제 조직구성원들은 어떻게 느끼는지 실증적으로 검정해보고 싶었다.

조사는 일반 직장인을 대상으로 실시되었다(n=57). 조사결과 각 변수의 신뢰성(Cronbach's Alpha값은 0.59 이상), 타당성(Factor analysis) 결과, 몇 개 문항을 제외하고 공명, 자각, 관계 조성, 성장 피드백의 변수는 (Construct validity 확보) 만족할 만한 결과를 얻었다.

그리고 팀 성과(종속변수)와 4개 변수 간의 회귀분석 결과(회귀모형식의 F검정 결과는 모두 유의함), 공명의 표준회귀계수 0.42(t검정결과 유의수준 0.01에서 유의), 자각의 표준회귀계수 0.32(t검정결과 유의수준 0.05에서 유의), 관계 조성의 표준회귀계수 0.35(t검정결과 유의수준 0.05에서 유의), 성장 피드백의 표준회귀계수 0.27(t검정결과 유의수준 0.1에서 유의)로 나타났다. 따라서 본 4R 모델의 각 변수는 팀 성과에 긍정적 영향을 끼친다는 것이 밝혀졌다.

▼ 사람 중심의 성과관리 4R 모델 측정지

| 요 인 | | 설문항목 |
|---|---|---|
| 공명 | 외부 공명 | • 우리 팀원들은 현장에서 위기상황을 포착하여 해결해나가고 있다.<br>• 우리 팀원들은 위기상황을 극복하여 얻어지는 기쁨이나 이익을 공감하여 실행을 다짐한다. |
| | 내부 공명 | • 우리 팀이 추진하는 일들에 대해 왜 그것을 추진하는지를 각자가 분명히 이해하고 있다.<br>• 우리 팀이 해야 할 일에 대해 팀원들은 뭐가 두려운지(꺼리는지)를 파악하여 극복하고자 한다. |
| 자각 | 결과 자각 | • 우리 팀원들은 함께 달성해야 할 목표를 사전에 구체적으로 그려본다(왜, 무엇을, 어떻게, 언제 등).<br>• 우리 팀원들은 목표가 달성되면 무엇이 좋아지는지를 사전에 공유한다. |
| | 과정 자각 | • 우리 팀원들은 목표달성을 위한 차별화 방안을 함께 수립한다.<br>• 우리 팀원들은 목표달성 방안을 실행하는 데서 주저하는 요인의 원인을 파악하여 대책을 마련한다. |
| 관계 조성 | 기반 조성 | • 우리 팀원들은 상대가 무엇을 중요시하는지를 고려하여 응대하고 있다.<br>• 우리 팀원들은 협업을 수행하는 데서 모두가 꺼리는 일을 자발적으로 나서서 처리하고 있다.<br>• 우리 팀원들은 상대가 필요한 도움을 자발적으로 파악하고 제공하고 있다. |
| | 유지 조성 | • 우리 팀원들은 서로 협력자로 생각하고 상호 이익적인 관계를 형성하고 있다.<br>• 우리 팀원들은 자신이 힘들 때 상대에게 즉각적인 도움을 요청하고 있다.<br>• 우리 팀원들은 자신의 일이 목적달성에 기여가 되는지를 인식하면서 수행을 하고 있다.<br>• 우리 팀원들은 상대를 도울 때는 과감하게 나선다. |
| 성장 피드백 | 외적 적합성 | • 우리 팀원들은 자신의 업무에서 진정 수행하고 싶어 하는 일을 찾는다.<br>• 우리 팀원들은 자신의 일을 조직성과에 기여하도록 가치 있게 개선하고 있다. |
| | 내적 적합성 | • 우리 팀원들은 자기 능력 향상을 위해 부족한 지식을 채워 넣기 위한 계획을 수립하고 있다.<br>• 우리 팀원들은 자신의 부족한 역량을 반성하고 자신의 태도를 바꾸고 있다.<br>• 우리 팀원들은 자기 역량강화를 위해 타인의 강한 피드백이라도 적극적으로 수용하고 있다.<br>• 우리 팀원들은 목표미달 시 일의 목적을 지향하여 반성하고 달성방안을 전면적으로 개선하고 있다. |
| 팀 성과 | | • 우리 팀은 모두가 원하는 팀 성과를 지속적으로 내고 있다.<br>• 우리 팀원들은 우리가 이룬 성과에 대해 자부심이 높은 편이다. |

참고문헌

## 제 1 장

1) 피터 센게 외(1996), 『학습조직의 5가지 수련』, 21세기북스, pp.33-35.

2) Ford, J. D. and Ford, L. W.(1994), "Logic of Identity, Contradiction, and Attraction in Change", *Academy of Management Review*, Vol. 19, No. 4, pp.756-785. 이 논문에 서는 변화를 이끌어내기 위한 논리적 개념을 언급했으나 본 책에서는 일과 사람의 상 황을 설명하기 위해 인용함.

3) http://blog.naver.com/edward9522/90104782757

## 제 2 장

1) 이현(2012), 『성과관리의 기술』, 이담북스.

2) 킴 카메론 외(2009), 『긍정조직학』, POS북스, pp.54-73.

3) Dolan, S. J. Garcia, S. and Auerbach, A.(2003), "Understanding and Managing Chaos in Organizations", *International Journal of Management*, Vol. 20, No. 1, pp.23-36.

4) B. M. Bass and B. J. Avolio(1990), "The Implications of Transactional and transformational Leadership for individual, Team and Organizational Development", *Research in Organizational Change and Development*, pp.231-272.

5) 3)과 같은 논문.

6) 2)와 같은 책, pp.74-95.

7) 3)과 같은 논문.

8) Ready, D. A. and Truelove, E.(2011), "The Power of Collective Ambition", *Harvard Business Review*. Vol. 89, Issue 12, pp.94-102. 이 논문에서 "The Four Seasons Compass"라고 언급한 내용을 차용한 것임.

9) 리 코케렐(2010), 『크리에이팅 매직』, (주)고려원북스.

10) 더글라스 K. 스미스(2006), 『성과를 이끌어내는 변화의 원칙』, 새로운 제안.

11) 정동일(2012), 『동아비즈니스리뷰』, Issue 1, No. 116.

12) Stacey, R. D.(2001), *1. Complex Responsive Processes in Organizations: Learning and Knowledge Creation.* Routledge.

13) 애덤 그랜트(2013), 『기브 앤 테이크』, 생각연구소.

14) Cuddy, Amy J. C.; Kohut, Matthew; Neffinger, John(2013), "Connect, Then Lead", Harvard Business Review, Vol. 91, Issue 7/8, pp.54-61.

15) 13)과 같은 책, 제2장 참조.


**제 3 장**

1) 존 코터(1999), 『기업이 원하는 변화의 리더』, 김영사, pp.55-75.

2) 잭 웰치(2001), 『잭 웰치 끝없는 도전과 용기』, 청림출판.

3) 이시즈카 시노부(2010), 『아마존은 왜 최고가에 자포스를 인수했나?』, 북로그컴퍼니.

4) 리 코케렐(2010), 『크리에이팅 매직』, (주)고려원북스.

5) 류랑도(2012), 『우리가 꿈꾸는 회사』, 쌤앤파커스.

6) www.midasit.com. 홈페이지의 CEO메시지를 참조.


## 제 4 장

1) 윤정구(2010), 『100년 기업의 변화경영』, 지시노마드, pp.129-132.

2) 최동석(2013), 『인간의 이름으로 다시 쓰는 경영학』, 21세기북스, pp.234-237.

3) 파트릭 아마르(2012), 『경영심리학』, 지형, pp.45-46.

4) http://navercast.naver.com/contents.nhn?rid=57&contents_id=2565

5) 맥스웰 몰츠(2003), 『맥스웰몰츠 성공의 법칙』, 비즈니스북스, pp.37-38.

6) 5)와 같은 책, p.39.

7) 최동석(2013), 『인간의 이름으로 다시 쓰는 경영학』, 21세기북스, pp.194-203.

8) 수잔 제퍼스(2007), 『도전하라 한 번도 실패하지 않은 것처럼』, 리더스북, pp.96-99.

9) 2)와 같은 책, pp.176-179.


## 제 5 장

1) 파트릭 아마르(2012), 『경영심리학』, 지형, pp.125-132.

2) 이현(2009), "역동적 능력에서 양면루틴의 효과적 상호작용을 위한 통합루틴", 박사학
위논문, 광운대학교, pp.117-119.

3) 1)과 같은 책, pp.97-105.


## 제 6 장

1) 레이몬드 아론·수 레이처(2008), 『지금 당장 손에 넣어라』, 비즈니스맵, pp.41-42.

2) 찰스 핸디(2011), 『최고의 조직은 어떻게 만들어지는가』, 위즈덤하우스, pp.78-80.

3) 신유근(2005), 『인간존중경영』, 다산출판사, pp.61-66.

4) 데이비드 호사저(2013), 『신뢰가 이긴다』, 알키, pp.28-30.

5) 2)와 같은 책, pp.467-468.

6) Penner, L. A. et al.(2005), Prosocial Behavior: Multilevel Prtpectives, *Annual Review of Psychology*, Vol. 56, pp.365-392.

7) 애덤 그랜트(2013), 『기브 앤 테이크』, 생각연구소, 제6장 참조.

8) Yochai Benkler(2011), "The unselfish gene." Harvard Business Review Vol. 89, pp.77-85.

9) 7)과 같은 책. 여기서 제시한 사례에서 성공적인 기버(giver)의 관계 유지에 대한 성공 요인을 차용하였음.

## 제 7 장

1) 송계전(2013), 『진짜 성과관리 PQ』, 좋은땅, pp.317-362.

2) 파트릭 아마르(2012), 『경영심리학』, 지형, pp.107-114.

3) 2)와 같은 책, pp.40-43.

4) 리처드 윌리엄스(2007), 『피드백 이야기』, 토네이도, pp.88-95.

5) 찰스 핸디(2011), 『최고의 조직은 어떻게 만들어지는가』, 위즈덤하우스, pp.56-57.

6) 미하이 칙센트미하이(2006), 『몰입의 경영』, 황금가지, pp.111-141.

7) 로버트 K. 쿠퍼(2005), 『플러스 나인』, 세종서적.

8) J. Richard Hackman(2009), Why Teams Don't Work, *Harvard Business Review*. The HRD Interview 칼럼에서 나온 말을 인용함.

9) 앤도 아사오(2010), 『성과의 가시화』, 다실북스. 이 책에서 저자의 20년 넘게 사회생활의 경험과 일치한 내용을 정리한 것임.

10) 이홍(2010), 『창조습관』, 더숲, pp.155-198. 제8장과 제9장의 내용을 차용하여 방법을 기술함.

조직 성장을 이끄는 핵심동인

# 성과관리,
## 이제는 사람이다

초판인쇄  2015년 7월 17일
초판발행  2015년 7월 17일

지은이  이   현
펴낸이  채종준
기 획  원보름
편 집  백혜림
디자인  이효은
마케팅  황영주 · 한의영

펴낸곳  한국학술정보(주)
주 소  경기도 파주시 회동길 230(문발동)
전 화  031-908-3181(대표)
팩 스  031-908-3189
홈페이지  http://ebook.kstudy.com
E-mail  출판사업부 publish@kstudy.com
등 록  제일산-115호(2000. 6. 19)

ISBN  978-89-268-6979-6  03320